启笛 | 听见智慧的和声

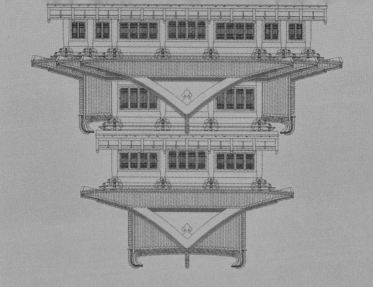

自行车、港口与缝纫机

西方基建与日常技术在亚洲的相遇

曹寅 著

北京大学出版社
PEKING UNIVERSITY PRESS

目录

导论
全球在地化亚洲、帝国基建与日常生活

流动的亚洲 004
重新定义"新基建" 010
帝国基建、日常技术与民众生活 013

第一章
奥斯曼帝国热带边疆的饮用水工程

奥斯曼的海洋帝国进程 024
开发热带边疆 027
汉志总督的改革报告 036
饮用水危机、传染病与新型供水系统的诞生 039
系统的衰退 047

第二章
英属印度的街头交通

帝国的交通工具	054
物与资本主义	057
"日常国家"	059
黑白城	061
汽车时代	065

第三章
帝国主义话语下的科伦坡港

全球化想象	081
摩擦:全球联系的常态	083
港口:交通节点与堡垒	089
锡兰:全球流动的支点	094
流放之地	099

第四章
荷属东印度的缝纫机

争夺亚洲贸易航线	109
走向现代国家	111
缝纫机:身份地位的标识	115

统治的艺术：对消费者的欲望教育　　　　　　　　**125**

第五章
湄公河三角洲的大型机械与小型发动机

农业边疆　　　　　　　　　　　　　　　　　　　132
法帝国的亚洲粮仓　　　　　　　　　　　　　　　136
农业的现代化：吸泥船和拖拉机　　　　　　　　　140
虾尾泵　　　　　　　　　　　　　　　　　　　　143

第六章
马尼拉的现代化厨房

菲律宾人的身份认同　　　　　　　　　　　　　　153
现代厨房的诞生　　　　　　　　　　　　　　　　160
消费文化与菲律宾精英　　　　　　　　　　　　　164
作为奢侈品的厨房电器　　　　　　　　　　　　　169

参考文献　　　　　　　　　　　　　　　　　　173

如果要淡化南亚和东南亚这些地理概念,那么我们要用哪一种新的概念来进行置换呢?

导论
全球在地化亚洲、帝国基建与日常生活

导论 全球在地化亚洲、帝国基建与日常生活

2020年夏，北京大学外国语学院的程莹，巴黎一大和鲁汶大学的唐敏还有我决定发起一个名为"流动中的亚非研究"的研究小组。发起这个活动的主要原因是我们三个人都觉得目前人文社会科学领域对于亚非世界的知识生产存在着极大的缺陷。

亚非各国的学者大多只关注自己母国以及西方，而有关亚非世界的国际学术话语和知识生产则几乎被西方学术机构所垄断。例如绝大多数泰国高校的社会学系都是由熟知西方社会学理论并以这些理论为指导研究泰国社会的学者构成的。这些科系几乎没有研究缅甸、伊拉克或尼日利亚的社会学学者，亦没有与南亚、中东、非洲社会学相关的课程。又譬如一位印度尼西亚研究生如果前往西方高校攻读历史学博士学位，那么这位研究生很大概率会选择与印尼相关的内容作为其博士研究课题，并在毕业后成为一位印尼历史的学者，而非南亚或非洲历史的学者。

在上述情况中，西方学术机构负责理论知识的生产，而亚非则是各种理论的试验场所或者搜集原始数据的田野地点。为了打破这种日益固化的知识生产模式，我们决定组织一个平台以方便立足亚非并与研究亚非不同区域的人文社科学者进行交流和互动。我们最终的目的是想要通过组织主题讲座、圆桌讨论、课程设计、专题工作坊等活动促进亚非区域研究共同体的形成，并最终将有关亚非地区的知识生产活动从西方带回亚非。① 基于上述原因，"流动中的亚非研究"这个平台也就应运而生了。

流动的亚洲

"流动中的亚非研究"最初设定了两个关键词："流动"和"日常"。

我们认为过去学术界过多地关注了西方和亚非特定区域之间的线性互动，譬如英国对印度种姓制度的影响；法国对北非自然资源的攫取；越战后越南难民

---

① 至于为什么选择"亚非"而不是"亚非拉"，主要是因为三位发起者以亚洲或非洲为研究对象，并不了解拉美的情况，因此做了这样的限定。此外，"全球南方"和"第三世界"当时也在我们的视野当中，但是考虑到上述两个概念都带有非常强的政治隐喻，因此我们最终选择了相对较为中性的"亚非"概念。

在美国的安顿；尼日利亚流行音乐在英国的传播，等等。在这种西方—亚非二元结构叙事的遮蔽下，亚非不同区域和国家间长久存在的人员、物质、思想、技术、资本、制度流动及其深远影响被忽略了。

根植于亚非的学者们在研究这些流动时有着天然的优势，而且通过共同探索这些流动，我们相信亚非学者们的共同体意识将会增强，并最终找到从理论和视角上超越西方中心话语的方法。同时，我们也注意到"亚非流动"概念背后所隐含的精英视角。以往对于亚非区域间流动的研究绝大多数都是从文化和政治精英的视角切入的，因此我们可以发现诸如日本泛亚洲主义思想在埃及的流传以及中国画家在印度学习的经历等类型的研究。然而这类视角并无法向我们展示"亚非流动"是如何影响到了居住在亚非地区基层人民的日常生活的，以及普通人是如何参与和构建了"亚非流动"的。

所以我们所倡导的"流动中的亚非研究"一方面强调亚非区域间的互动交流，另一方面又目光向下旨在发掘流动对于在地普通人日常生活的意义。

"流动中的亚非研究"的第一次活动是在2020年8月，由北京大学外国语学院的张忞煜、谢侃侃以及我进行了一场题为"从东印度到印度：殖民主义，民族主义与关于亚洲的另一种想象"的讨论会。

当时我们之所以想组织这个讨论,主要是想把殖民地时期英属印度和荷属东印度(即今天的印度尼西亚)的殖民统治与民族主义运动放在一个框架下进行比较和联系。我们认为这样的对话有助于反思冷战期间在美国学术界崛起的区域研究方法。在传统区域研究的划分中,印度属于南亚研究而印尼属于东南亚研究。这两个领域的学者以往少有交流,而这两个区域的研究也被人为地割裂开来。

21世纪以来,随着全球化、移民、环境等议题获得的关注日益升高,跨国、跨区域研究方法被运用在了区域研究领域。越来越多的学者开始打破区域研究中人为设置的藩篱,尝试将南亚和东南亚放在一个整体框架中进行分析。① 在那次"从东印度到印度"的活动结束后,张忞煜、谢侃侃和我决定成立一个"季风实验室",以进一步在中国推广南亚和东南亚的整合性研究。

---

① 在融合南亚东南亚区域的学术作品中,最为重要的可能就是耶鲁大学历史系苏尼尔·阿姆瑞斯(Sunil Amrith)的《横渡孟加拉湾》一书。在苏尼尔·阿姆瑞斯看来,南亚和东南亚由孟加拉湾相连接,在历史、文化、语言、经济、环境上有着诸多联系和共通性,因此应当被视为一个整合的区域加以理解。参见 Sunil Amrith, *Crossing the Bay of Bengal: The Furies of Nature and the Fortunes of Migrants* (Cambridge MA: Harvard University Press, 2013), 1-5。

导论　全球在地化亚洲、帝国基建与日常生活

2021年春,"季风实验室"在北京大学开设了一门名为"南亚与东南亚研究"的研究生课程,通过研读这两个区域各自的经典理论著作以及邀请凯文·佛格(Kevin Fogg)和罗密·里奇(Romit Ricci)等学者介绍有关南亚与东南亚联系和比较的研究①,我们尝试为中国的南亚东南亚整合研究打下基础。

如果要淡化南亚和东南亚这些地理概念,那么我们要用哪一种新的概念来进行置换呢?"南亚与东南亚研究"可能只是一个权宜之计,因为它并没有解构南亚与东南亚的内涵,而只是将两者简单叠加。2019年,我为清华大学国际与地区研究院组织了一个名为"全球在地化亚洲研究"(Glocalized Asian Studies)②的讲座系列。

---

① 凯文·佛格(北卡罗来纳大学)做了题为《印尼伊斯兰社会主义及其南亚起源》的报告;罗密·里奇(希伯来大学)做了题为《南亚和东南亚伊斯兰文学网络》的报告。

② "全球在地化"的概念是对全球化的反思。20世纪70年代全球化浪潮开始兴起,然而全球化所输出的通用性和同质性却在地方遭遇了各种挑战。如何将全球化的普世性与地方的特殊性相融合成为一个重要的议题。社会学家因应这个议题提出了"全球在地化"的概念。他们指出全球化并不是一个自上而下的线性发展过程,全球化在不同地区的展现都是与地方化同时进行的。地方的特殊性和主体性并没有随着全球化的发展而消弭,而是将自身特质注入全球化中,重新诠释了全球化的普世内涵。有关"全球在地化"的社会学概念,可参见 Arjun Appadurai, "The Production of Locality," in Richard Fardon ed., *Counterworks: Managing the Diversity of Knowledge* (London: Routledge, 1995), 204-225; Kevin Cox ed., *Spaces of Globalization: Reasserting the Power of the Local* (New York: Guifford Press, 1997); Roland Robertson, *European Glocalization in Global Context* (Hampshire: Palgrave Macmillan, 2014)。

尽管绝大多数参与者都是南亚和东南亚研究的专家，但我也邀请了一些中亚、中东、东北亚研究的学者来参加讨论。一方面，我认为研究南亚东南亚必然会涉及亚洲乃至全球其他地区。而且由于地理位置本身就处在东西方之间，南亚东南亚受到欧亚非大陆的共同影响，因此该地区可以被认为是全球流动在亚洲的投影，亦即"全球亚洲"（Global Asia）[1]。另一方面，我们在使用"全球亚洲"概念的同时也应当警惕过度关注跨国联系与国际化都市及穿梭于其中的政治、商业、文化精英之间的关系，而忽略了在地基层社会的主体性。与"流动中的亚非研究"中对在地普通人日常生活的关注一样，"全球亚洲"重视亚洲在地基层社会的变迁及生活于其中的普通人的经历。需要强调的是，人口、商品、思想、制度的全球流动以及基层行为体对此的参与和反馈共同塑造了我们今天所认知的亚洲，

---

[1] 目前学术界对于"全球亚洲"（Global Asia）有着不同的定义，阿姆斯特丹大学出版社的"全球亚洲系列丛书"认为"全球亚洲"是在研究亚洲内部以及亚洲与世界其他地区之间发生的商品、人口、知识的联系和流动。韩国东亚基金会（The East Asian Foundation）主办的《全球亚洲》杂志（Global Asia）认为"全球亚洲"是在研究亚洲在全球化进程中的经历。本书中的"全球亚洲"特指一个不固定的地理概念。与"南亚"和"东南亚"等具有明确地理界限的概念不同，本书中"全球亚洲"的地理界限是流动的。尽管"全球亚洲"的核心区域是在南亚和东南亚一带，但受到该核心区辐射和影响的地区（例如波斯湾沿岸、红海、东非甚至伦敦的南亚和东南亚移民聚居区）也可以被认为是"全球亚洲"的一部分。

亦即"全球在地化亚洲"。

"全球在地化亚洲"概念的提出恰好又与我对基建的兴趣相呼应。一方面,基建是全球化宏大叙事的产物,背后隐喻了技术、专家、资本、物质材料的全球流动;另一方面,基建与在地基层社会又有着深层次的互动。基建不但影响着普通人的生活,也同时被普通人重新定义、改造和利用。

我对基建的兴趣可以追溯到2015年。当时作为美国总统候选人的特朗普在竞选演说中声称美国的铁路、公路、机场、输油管道、通信基站等基础设施已经破败不堪,远远落后于世界其他新兴国家。特朗普认为基建的衰败不仅仅会导致美国经济竞争力的下降,更会影响到美国的全球领导力和形象。拜登政府在2021年上台后也延续了特朗普时期重振美国基建的思路,并特别强调了建设应对全球环境危机的基建的重要性。

基建与一个国家的全球影响力到底存在着怎样的联系?基建又是如何适应环境并改变环境的?美国当下面临的基建问题在历史上有没有可以参照的案例?这些问题促使我思考19—20世纪"全球在地化亚洲"的基建。

19世纪末,殖民主义、现代化理念、跨国资本开始全方位地渗入"全球在地化亚洲"。西方殖民帝国以及尝试现代化转型的亚洲传统帝国通过建设引水渠、现代交通、港口等设施来规训民众并彰显自身与现代性之间的紧密联系。换句话说,基建是那个时代"全球在地化亚洲"各个政权的主要合法性来源。

重新定义"新基建"

近十年来学术界对于基建的研究日益增多。这种兴趣主要源自两个方面:首先,2008年全球金融危机以来中国开展的大规模基础设施建设以及2013年中国政府主导的"一带一路"倡议深刻改变了当今世界的政治经济格局;其次,西方国家亦开始注意到其自身基础设施的老化与破败,并开始着手振兴。

那么,到底什么是基建?如何定义基建?目前学术界如何研究基建?我们又应如何理解殖民主义历史脉络下全球在地化亚洲的基础设施?

狭义上来讲,基建是国家为社会提供公共服务的物质工程设施,譬如我们常见的公路、铁路、机场、港口、医院等等。长久以来我们对于基建的理解与技

导论　全球在地化亚洲、帝国基建与日常生活

术发展和文明进步是绑定在一起的。

在这套线性叙事的框架下,人类社会的基础设施系统随着技术发展和文明进步而愈加精细和复杂,也因此更好地服务于人类。① 然而越来越多的研究表明古代社会的基础设施在功能上来说并不"简单"②,而现代基建的"复杂"也并非单纯地是为了更好地服务人类社会。③ 这些都说明基建的内涵并非我们日常所见的那样简单明了,而是极为丰富的。实际上,作为概念和实践的基建非常难以被定义。在 2015 年曼彻斯

---

① 关于基建发展的线性叙事及其批判,参见 Kregg Hetherington, "Surveying the Future Perfect: Anthropology, development and the promise of infrastructure," in Penny Harvey, Casper Bruun Jensen, and Atsuto Morita eds., *Infrastructures and Social Complexity* (London: Routledge, 2017), 40-50。
② 约翰·希斯洛普(John Hyslop)对于印加帝国道路网络的研究发现,印加人的这些道路不仅承载了交通运输的功能,还包含了印加人的空间认知与宇宙观,因此要远比现代意义上的道路复杂,参见 John Hyslop, *Inka Road System* (New York: Academic Press, 1984)。
③ 譬如在阿尔卑斯山的滑雪景点,随着全球气候变暖,降雪减少,因此景点不得不越来越依靠人造雪来维持。而景点中所有的基础设施(道路,旅馆,索道,照明供暖系统,救援服务等等)也都需要人造雪的覆盖才会显得有意义。然而,人造雪以及这些基础设施本身又产生大量碳排放,是导致气候变暖,降雪减少的一个原因。这种恶性循环显示了基建线性叙事的内在矛盾,参见 Penny Harvey, Casper Bruun Jensen, and Atsuto Morita eds., *Infrastructures and Social Complexity* (London: Routledge, 2017), 8。

特召开的一个人类学理论会议上,劳拉·贝尔(Laura Bear)就曾提出任何物件都可以被称为是基建。她进一步阐释道,当我们称一个物件为基建时,我们实际上是在用"关系"(relational)的角度观察和分析该物件与其他物件、个体、人群存在着的预设或非预设的联系[1]。在贝尔定义的基础上,贝莉·哈维(Penny Harvey)认为基建是一个物质集成,它可以通过预设(譬如建设公路是为了便利交通)和非预设(譬如建设公路使得一个村落逐渐分化为了两个村落)的行为产生效应和社会关系。[2] 哈维所谓的基建的"非预设"行为和效应是目前学术界所关注的焦点,也是本书论点的一个核心基础,因此本书这里采用哈维对于基建的定义。

1995年伊利诺伊大学香槟分校的杰弗里·伯克(Geoffrey Bowker)提出了"基建倒置"(Infrastructural Inversion)的概念。伯克认为学术界在研究基建(包括公路、铁路、机场、医院、水坝等设施)时,倾向于将这些设施看作是人类社会行为的表征与背景。学

---

[1] Penny Harvey, Casper Bruun Jensen, and Atsuto Morita eds., *Infrastructures and Social Complexity* (London: Routledge, 2017), 7.
[2] Penny Harvey, "Infrastructures In and Out of Time: The Promise of Roads in Contemporary Peru," in Nikhil Anand, Hannah Appel, and Akhil Gupta eds, *The Promise of Infrastructure* (Durham: Duke University Press, 2017).

者们一般会以某些基础设施为切入点,进而分析其背后所反映的社会文化、意识形态,以及利益冲突,而基建本身往往并不是学者们的最终关注点。伯克的观点则与之相反。他发现基建通过与周边的其他人造物以及自然环境的互动,在不知不觉中形塑着人类的身体、人类社会组织和文化,以及人类对于其所处环境的知识和话语。① 换句话说,基建并不是仅仅在实现人类赋予其的功能(譬如承载交通运输、医治病患、蓄水发电等),而是在许多不为人知的方面渐渐地改造着人类。②

帝国基建、日常技术与民众生活

在现当代,基建所包含的技术水平和复杂程度已经远远超出了一般人的知识范畴。因此,尽管我们每天都在使用着各式各样的基建,但只有极少数的技术

---

① Geoffrey Bowker, "Second Nature Once Removed: Time, Space and Representations," *Time and Society* 1 (1995): 47-66.
② 布莱恩·拉金(Brian Larkin)认为基建在改造人类社会生活和文化方面并不是潜移默化和不为人知的,在很多情况下,人类清楚地知道基建在其功能性以外所具有的能力,并知道这些能力会改变人类社会,参见 Brian Larkin, "The Politics and Poetics of Infrastructure," *Annual Review of Anthropology* 42 (2013): 327-343。

专家懂得这些基建的运作原理。① 即使无法理解基建的技术原理，但是普通人仍然能够以自己的方式对基建进行重新地想象、诠释和改造，以便使其更好地服务于自己的日常生活。② 同时，跨国资本借助国家建设的基础设施在基层社会广泛宣传被嵌入了现代性话语的消费文化，并兜售与这种消费文化捆绑的商品，如自行车、缝纫机、收音机、煤气灶，等等。这些包含了西方技术的制造业商品出现在全球在地化亚洲后并没有如跨国资本所预想的那样迅速占领当地市场，而是也像基建一样经历了基层社会的重新诠释和改造，才成为服务于普通人日常生活的日常技术。

长久以来，学术界对于全球在地化亚洲的研究主要集中在殖民主义、民族主义以及经济社会发展等议题上。学者们对于殖民主义的性质以及殖民统治的方式、民族主义的兴起及其内在矛盾性，殖民时期和后殖民时期的经济社会发展路径与挑战都进行了非常充

---

① 对于基建及其使用者之间存在的知识壁垒，参见 Thomas Hughes, *Networks of Power: Electric Supply Systems in the US, England and Germany, 1880-1930* (Baltimore: Johns Hopkins University Press, 1983); Langdon Winner, *The Whale and the Reactor: A Search for Limits in an Age of High Technology* (Chicago: University of Chicago Press, 1986).

② Antina von Schnitzler, "Citizenship Prepaid: Water, Calculability, and Technopolitics in South Africa," *Journal of Southern African Studies* 34: 4 (2008): 899-917.

分的讨论。然而正如印度"贱民学派"(Subaltern School)所指出的那样,我们过多地关注殖民主义与民族主义的互动,却忽略了被这两股力量裹挟而又影响着他们进程的普通人的日常生活。①

当研究者们开始逐渐将注意力转移到在全球在地化亚洲地区生活的普通人的经历上时,这些普通人在生活中所遭遇、制造、使用的技术却始终没有得到关注。当我们提及全球在地化亚洲社会生活中的技术时,我们更多联想到的是西方人如何将技术引进到亚洲,通过改造这些技术使其适应当地的环境,进而加速对该地区自然和人力资源的剥削和掠夺。在这套叙事逻辑中,技术是与殖民地精英(包括殖民者和本土精英)紧密联系在一起的——只有这些精英才有能力引进、改造和使用技术。对殖民地的普通人的研究则往往是与民间信仰、文学、宗教、身份认同等"非技术性"议题挂钩的。

2010年在英国经济与社会研究委员会(Economic and Social Research Council)的资助下,一些专长于东南亚和南亚研究的学者在英国华威大学召开了一次名

---

① David Ludden, *Reading Subaltern Studies: Critical History, Contested Meaning and the Globalization of South Asia* (London: Anthem Press, 2002), 1-39.

为"季风亚洲的日常技术"(Everyday Technology in Monsoon Asia, 1880—1960)的研讨会。① 在这次会议上,一些学者提出不应再将技术仅视为殖民帝国征服和剥削殖民地的工具。他们认为这种叙事角度实际上体现了"西方中心观",即技术始终是由西方人带到殖民地,由西方人或受到西方教育的殖民地精英改造和使用的。在这种叙事中,殖民地的普通民众被描述成了被动的或不相关的接受者。与会者进而提出殖民地的普通民众实际上积极参与了各项技术的在地化改造与利用。在很多情况下,被殖民者甚至开启了对特定技术的全新诠释,并将其付诸实践。

同时,该次会议又反思了学术界以往过于关注殖民地庞大工程项目的倾向。在亚洲各个地区的殖民地,殖民帝国运用技术建设了大量的基础设施工程,譬如旁遮普的运河,连接全印度的铁路网络,仰光、新加坡、巴达维亚的港口,遍布东南亚各地的水坝,等等。对于这些殖民地基础设施的研究一如前述,亦陷入了二元化的宏大论述之中。

一方面,学者们着重于研究这些基建技术是如何

---

① 该研讨会的部分成果最终发表在了《现代亚洲研究》期刊(*Modern Asian Studies*)2012年第46卷中的"南亚与东南亚的日常技术特刊"(Everyday Technology in South and Southeast Asia)。

从西方传入殖民地的以及其如何被本地化的；另一方面，这些殖民地基建对当地土著的剥削以及对自然资源的掠夺也被逐渐揭示。在这两种论述中，被殖民者只是以一种被教导、被压迫的消极形象出现的，其主体性实际上并未得到彰显。

"季风亚洲的日常技术"会议的参与者认为，通过关注殖民地普通人的日常生活，及其在生活中所遭遇、制造、使用的日常技术，带有极强西方中心观的殖民地基建宏大叙事会因此被消弭，取而代之的则是在地社会普通人主体性的重现。①

受到《现代亚洲研究》"南亚与东南亚的日常技术特刊"的启发，并综合"流动中的亚非研究""季风实验室""全球在地化讲座系列"等活动总结的经验，我于2021年夏在清华大学日新书院开设了一门名为"热带亚洲的基础设施，日常技术与殖民帝国"的课程。该课程介绍了19世纪末20世纪初国家和资本在全球在地化亚洲的扩张以及各地基层民众的回应。本书就是在这门课程的讲稿基础上加工而成的。

---

① David Arnold and Erich DeWald, "Everyday Technology in South and Southeast Asia: An Introduction," *Modern Asian Studies* 46: 1 (2012): 3.

本书共分为7个部分，主要内容分布在第一章至第六章，研究议题的时间段则集中在19世纪末20世纪初。前三章关注的重点在帝国基建，后三章则转向日常技术。

第一章讲述了奥斯曼帝国在阿拉伯半岛汉志地区的饮用水工程建设的兴起和失败。奥斯曼帝国将汉志地区（伊斯兰教圣城所在地）的饮用水工程视为其向世界展示国家能力和现代化建设的窗口。然而，帝国在麦加等地建设的饮用水设施却损害了当地商人的利益，后者的抵制和破坏最终葬送了奥斯曼帝国在其热带边疆的国家建设计划。

第二章讨论了英属印度的闹市交通。印度城市管理当局对于机动车的偏爱却为非机动车在道路上的涌现创造了条件。政府规训道路使用者政策的失败最终造成了殖民地时期印度城市交通的混乱状况。

第三章关注的焦点是英帝国统治下锡兰的科伦坡港。本章主要展示了科伦坡港是如何在帝国主义话语下被定义成为一个"交通节点"的。我认为科伦坡港的"联系"属性只是被用来服务殖民帝国及其精英的，而大量居住在该港口的土著底层居民则被帝国主义话语边缘化了。

在第四章，我分析了缝纫机在荷属东印度社会生活中的功能。尽管跨国资本试图将缝纫机作为大众消费品推广到荷属东印度，但是这种商品因为价格昂贵而并未获得大众青睐，反而成为东印度社会阶层和族群区分的标识物。

第五章的故事以湄公河三角洲为背景，从19世纪末到20世纪中叶该地区农业开发中所使用的基建和机械设备的角度出发，探讨了西方殖民帝国、跨国资本、农民、现代技术之间的互动，以及这些互动对湄公河三角洲当地环境造成的深远影响。

第六章以菲律宾马尼拉厨房的电气化设备为切入点，探索了美国消费主义文化对马尼拉中产家庭妇女的影响，以及马尼拉一般平民对于美国现代性的吸收与改造。

既然这些贝都因人如此害怕文明,那么这里的贫困、干旱、传染病将会永无止境。

第一章
奥斯曼帝国热带边疆的饮用水工程

第一章 奥斯曼帝国热带边疆的饮用水工程

长久以来,学者们都倾向于采用"冲击—回应"范式("西方冲击—奥斯曼回应")对19世纪末至20世纪初奥斯曼帝国的现代化进程进行研究。在这套解释框架中,奥斯曼帝国被认为受到了西方(包括沙皇俄国)的不断冲击,军事上的失败加速了政治体制和文化的变革,西方的技术、文化、制度由此被逐渐引进。① 这样的解释使得奥斯曼帝国被描述为了一个被动和消极的行为体,其所有的现代化改革似乎都是在为了回应西方施加的压力与冲击。奥斯曼帝国自身传统的延续性以及内部政治、经济、文化的多元性则在这一解释框架中被忽略了。② 本章将着重讨论奥斯曼

---

① 参见 Stanford Shaw and Ezel Shaw, *History of the Ottoman Empire and Modern Turkey*: *Volume 1*, *Empire of the Gazis*: *The Rise and Decline of the Ottoman Empire 1280-1808* (Cambridge: Cambridge University Press, 1976)。
② 对于这一"冲击—回应"范式的批判,参见 Ariel Salzman, "An Ancient Regime Revisited: 'Privatization' and Political Economy in the Eighteenth-Century Ottoman Empire," *Politics and Society* 21 (1993): 393-423。

帝国末期在其热带边疆①所进行的现代化基础设施建设及其所遭遇的困境与挑战。

笔者认为，奥斯曼帝国的现代化改革进程并非简单地引进西方科学技术和政治制度，而是将自身想象为西方式的殖民帝国，在从帝国中心（小亚细亚半岛）向热带边疆扩张的过程中试图完成其现代国家的构建。帝国在热带边疆扩张的主要手段便是大规模的基础设施建设。同时，奥斯曼帝国在汉志的基建扩张也在影响着当地土著的日常生活。尽管部分城市居民的生活得到了改善，但当地既得利益者们将这些基建视为奥斯曼帝国在政治与经济方面干预地方事物的工具，因而加以抵制与破坏。最终，奥斯曼帝国在其热带边疆构建现代国家的努力因为基建扩张的失败而付诸东流。

奥斯曼的海洋帝国进程

欧洲大学学院历史与文明系教授吉安卡罗·卡萨勒（Giancarlo Casale）在《奥斯曼的地理大发现时代》一书中指出奥斯曼帝国并非如我们以往所认为的那样

---

① 本书中所提及的奥斯曼帝国的热带边疆特指阿拉伯半岛西部沿海的汉志地区（Hijaz），包括了麦加、麦地那、吉达等城市。

仅仅是一个内陆帝国。① 当葡萄牙与西班牙 15 世纪末开启了西方意义上的地理大发现时，奥斯曼帝国亦开始了其寻求成为海洋帝国的进程。卡萨勒认为奥斯曼帝国在 1517 年征服埃及之后，便立刻认识到了印度洋作为商业和宗教朝觐通道的重要性。在与葡萄牙人争夺印度洋各个港口与通道的控制权的过程中，奥斯曼帝国采取了几乎与西方殖民帝国相同的策略：首先，奥斯曼帝国利用其在火器与造船技术上的优势在也门与埃塞俄比亚海岸的港口建立了殖民地②；其次，奥斯曼帝国为其控制下的印度洋港口创造了一整套的管理和税收制度，并从中获取了大量财富③；再次，奥斯曼帝国的学者们开始通过帝国海外扩张获得的信息与情报建立奥斯曼人对于印度洋世界的认

---

① 参见 Giancarlo Casale, *The Ottoman Age of Exploration* (Oxford: Oxford University Press, 2010)。
② 有关奥斯曼帝国火器与造船术的研究，参见 Colin Imber, "The Navy of Suleyman the Magnificent," *Archivum Ottomanicum* 6 (1980): 211-282; Gabor Agoston, *Guns for the Sultan: Military Power and the Weapons Industry in the Ottoman Empire* (Cambridge: Cambridge University Press, 2005); Douglas Streusand, *Islamic Gunpowder Empires: Ottomans, Safavids, and Mughals* (New York: Avalon Publishing, 2010)。
③ 参见 Nelly Hanna, *Making Big Money in 1600: The Life and Times of Isma'il Abu Taqiyya, Egyptian Merchant* (Syracuse: Syracuse University Press, 1998)。

知体系①。奥斯曼帝国于 16 世纪在印度洋区域的"发现"与扩张表明西方所谓的"地理大发现"实际上并不具有特殊性,而奥斯曼帝国在近代世界也并非一个落后、停滞与被动的行为体。

17 世纪之后,荷兰与英国东印度公司的强势崛起迫使奥斯曼帝国逐渐退出印度洋世界的舞台。随着 19 世纪埃及脱离帝国的直接掌控,奥斯曼帝国彻底失去了进入印度洋的支点。由于印度洋对于身处伊斯坦布尔的奥斯曼精英既过于遥远也不再重要,过去数百年间帝国学者们所积累的有关印度洋世界的知识逐渐被遗忘。然而到了 19 世纪下半叶,伊斯坦布尔的政治精英们对于帝国热带边疆的想象与开发再次体现了奥斯曼帝国与西方殖民帝国的相似性。

---

① 参见 Palmira Brummet, *Ottoman Seapower and Levantine Diplomacy in the Age of Discovery* (Albany: State University of New York, 1993); Bernard Lewis, *The Muslim Discovery of Europe* (London: Phoenix, 2000); Sailh Ozbaran, *Ottoman Expansion towards the Indian Ocean in the 16th Century* (Istanbul: Bilgi University Press, 2009); A. Peacock and Annabel Gallop eds., *From Anatolia to Aceh: Ottomans, Turks and Southeast Asia* (London: British Academy, 2015); Eric Tagliacozzo, *The Longest Journey: Southeast Asians and the Pilgrimage to Mecca* (New York: Oxford University Press, 2013)。

第一章　奥斯曼帝国热带边疆的饮用水工程

开发热带边疆

汉志位于阿拉伯半岛的西部,由于常年受副高压带和信风带的影响而呈现热带荒漠气候,干热少雨(大部分地区年平均降水量少于 100 毫米)。伊斯兰教的圣地麦加和麦地那以及港口吉达都位于汉志境内。在奥斯曼帝国征服汉志之前,先知穆罕默德的后裔哈希姆家族(Hashemites)统治着麦加,而其他地区则分布着地方游牧部落。当奥斯曼帝国在 16 世纪将汉志纳入其版图后,统治者发现这块地区相较于帝国其他农业发达省份显得过于贫瘠。中央不仅无法从这里获取任何税收,还需要花费大量资源维持当地的驻军和行政机构。汉志对于奥斯曼帝国的价值在很大程度上来源于宗教。通过将自身标榜为圣地的保护者,奥斯曼帝国统治者试图以此来彰显其对于整个伊斯兰教世界所具有的宗主权。[1]

在 19 世纪下半叶前,奥斯曼帝国对于汉志的统治主要依赖于哈希姆家族。帝国授予哈希姆家族的某些重要成员王公的头衔,即埃米尔(Amir)头衔,并委

---

[1] Karl Barbir, *Ottoman Rule in Damascus*, *1708-1758* (Princeton: Princeton University Press, 1980), 108-109.

托其维持汉志各个区域的秩序。埃米尔们享有极高的自治权,可以拥有军队,并在其管理的区域拥有司法裁判权。作为回报,埃米尔承认奥斯曼帝国的苏丹为其宗主。换句话说,奥斯曼帝国中央与汉志埃米尔们具有某种互相依存的关系。一方面,奥斯曼帝国需要哈希姆家族的臣服来增强其在伊斯兰世界统治的合法性;另一方面,埃米尔们也需要奥斯曼帝国为其提供资源与保护。[1] 总之,为了减少管治成本以及拉拢当地贵族,在长达数百年的时间中奥斯曼帝国从未对汉志地区施行过有效的统治,而这一地区也就成为帝国的热带边疆。[2]

1877年,沙皇俄国以保护巴尔干地区的基督徒为由向奥斯曼帝国宣战,战争以奥斯曼帝国的失败告终。战后,保加利亚和塞尔维亚脱离了奥斯曼帝国的控制,这就使得帝国丧失了几乎所有的欧洲领土,奥斯曼帝

---

[1] William Ochsenwald, *Religion, Society, and the State in Arabia: The Hijaz under Ottoman Control, 1840-1908* (Columbus: Ohio State University Press, 1984), 6.
[2] 蒂莫西·米切尔(Timothy Mitchell)发现奥斯曼帝国的热带边疆在地理上属于帝国范围之内,但在行政上却在帝国政府之外,而且边疆地区的自治势力与中央政府之间的关系是渐变和不稳定的,见 Timothy Mitchell, *Rule of Experts: Egypt, Techno-Politics, Modernity* (Berkeley: University of California Press, 2002), 61。

第一章 奥斯曼帝国热带边疆的饮用水工程

国由此成为一个穆斯林人口占绝大多数的国家。① 作为一个更加"纯粹"的伊斯兰国家,帝国的统治精英开始关注伊斯兰教的内部凝聚作用。在内忧外患的情况下,帝国统治者希望以伊斯兰教盟主的身份重新整合国内外的资源并增强其合法性。将圣地所在的热带边疆纳入中央直接管理则被认为是重振奥斯曼帝国的重要一步。② 同时,随着 19 世纪下半叶蒸汽船的普及和海上长途旅行的商业化,从世界各地前往圣地朝觐的时间与费用被极大地降低了,由此也带动了朝觐人数的急剧增长。③ 大量朝觐者的到来为汉志地区带去了丰厚的外汇收入。对于内外交困的奥斯曼帝国中央政府来说,朝觐活动带来的巨额收入无异于雪中送炭,因此将热带边疆地区纳入中央的直接管理亦具有了经济方面的推动力。

---

① 有关 1877 年俄土战争的影响,参见 Hakan Yavuz and Peter Sluglett, eds., *War and Diplomacy: The Russo-Turkish War of 1877-1878 and the Treaty of Berlin* (Salt Lake City: University of Utah Press, 2011)。

② Kemal Karpat, *The Politicization of Islam: Reconstructing Identity, State, Faith, and Community in the Late Ottoman State* (Oxford: Oxford University Press, 2001).

③ 关于蒸汽船如何影响朝觐活动的研究,可参见 Eric Tagliacozzo, *The Longest Journey: Southeast Asians and the Pilgrimage to Mecca* (New York: Oxford University Press, 2013); Michael Christopher Low, *Imperial Mecca: Ottoman Arabia and the Indian Ocean Hajj* (New York: Columbia University Press, 2020)。

奥斯曼帝国对其热带边疆的开发始于想象,即把这些边疆地区想象为奥斯曼帝国的"东方"。爱德华·赛义德(Edward Said)曾指出"东方主义"是西方殖民者将非西方世界的族群、社会、文化、政治想象为"他者"的过程。这种对他者形象的建构不仅反映了当时西方知识界的焦虑,最终亦为西方自身的政治改革与殖民扩张提供了合法性。① 学术界目前不乏有关西方世界如何试图将奥斯曼帝国建构为"东方"的研究。② 这些研究普遍存在的问题就是过度简化西方与东方的概念,使得西方与东方内在的复杂性被忽略,而仅剩下帝国主义西方与反殖民东方的二元对立。迪佩什·查克拉巴蒂(Dipesh Chakrabarty)对这种过度简化的二分法加以批判,并进一步指出这一问题源自学术界将西方作为主要参照物和参考标准的做法。③ 在破除西方作为参照物的迷思的同时,我们应当注意到非西方世界内部也存在着中心与边缘的想象与建构。在近现代世界,非西方国家的统治精英与西方国家一

---

① Edward Said, *Orientalism* (New York: Penguin Books, 2003).
② Zeynep Celik, *Displaying the Orient: Architecture of Islam at Nineteenth-Century World's Fairs* (Berkeley: University of California Press, 1992); Selim Deringil, *The Well-Protected Domains: Ideology and the Legitimation of Power in the Ottoman Empire 1876-1909* (London: Bloomsbury, 2011).
③ Dipesh Chakrabarty, *Provincializing Europe: Postcolonial Thought and Historical Difference* (Princeton: Princeton University Press, 2007).

第一章 奥斯曼帝国热带边疆的饮用水工程

样,也在从自己的角度努力想象和建构着"他者"与"边缘"。

在 16 世纪初奥斯曼帝国征服大马士革、阿拉伯半岛、埃及之后,奥斯曼土耳其人便形成了一种基于宗教的"中心—边缘"观念。他们认为伊斯坦布尔及其周边生活的奥斯曼土耳其人信仰着最为正统的伊斯兰教,而在帝国边陲则充斥着扭曲《可兰经》的异端以及信奉偶像的异教徒。① 但这种中心与边缘的差异仅仅体现在宗教、族群与文化上。19 世纪之前的奥斯曼土耳其人仍然相信他们与边疆地区的人们是共时性存在的。②

到了 19 世纪,由于在与西方以及俄国的战争中屡屡失败,奥斯曼帝国逐渐在"东方主义"话语体系中被西方建构为了停滞落后的"欧洲病夫"。塞利姆·

---

① Viorel Panaite, *The Ottoman Law on War and Peace: The Ottoman Empire and Tribute Payers* (Boulder: East European Monographs, 2000), 79. 有关奥斯曼帝国统治者对帝国身份的构建与创造,可参见 Cemal Kafadar, *Between Two Worlds: The Construction of the Ottoman State* (Berkeley: University of California Press, 1995); Abdul Karim Rafeq, "Relations between the Syrian Ulama and the Ottoman State in the Eighteenth Century," *Oriente Moderno* 18 (1999): 67-95。

② Ussama Makdisi, "Ottoman Orientalism," *American Historical Review* 3 (2002): 771.

德林吉尔（Selim Deringil）发现奥斯曼帝国的精英们对于"东方主义"偏见并非完全排斥，而是欣然接受了在这套话语中有关时间与进步的观念，并将其内化在了自身的现代化改革进程中。① 一般而言，当我们研究奥斯曼帝国19世纪的现代化改革时，更多被关注的是技术、制度、文化方面的改变。然而无论是引进西方的技术还是模仿西方的文化，帝国中心——伊斯坦布尔的精英都是最早一批的接触者。诸如阿卜杜勒·迈吉德一世（Abdulmejid I）和穆斯塔法·雷希德帕夏（Mustafa Resid Pasha）等精英改革者将西方技术文化与时间和进步的观念相结合，将自己塑造为了奥斯曼帝国现代化的代言人。在这些改革者看来，奥斯曼帝国境内的时间不再是均匀的，而是有阶序的——帝国的中心代表了现代、理性、进步，而帝国的边疆则仍然在前现代的蒙昧与黑暗中。这种对于共时性的

---

① Selim Deringil, *The Well-Protected Domains: Ideology and the Legitimation of Power in the Ottoman Empire 1876-1909* (London: Bloomsbury, 2011), 165. 有关奥斯曼帝国统治精英对西方建构的反应，可参见 Zeynep Celik, *Displaying the Orient: Architecture of Islam at Nineteenth-Century World's Fair* (Berkeley: University of California Press, 1992); Fatma Gocek, *Rise of the Bourgeoisie, Demise of the Empire: Ottoman Westernization and Social Change* (New York: Oxford University Press, 1996); K. E. Fleming, *The Muslim Bonaparte: Diplomacy and Orientalism in Ali Pasha's Greece* (Princeton: Princeton University Press, 1999); Kemal Karpat, *The Politicization of Islam: Reconstructing Identity, State, Faith, and Community in the Late Ottoman State* (Oxford: Oxford University Press, 2002).

否认被约翰内斯·费边（Johannes Fabian）认为是西方殖民主义的主要特征。他指出殖民主义将人类所有文化与族群安放在进化谱系的不同阶段，因此就为自认为更加现代的国家统治那些被认为不够现代的国家提供了合法性。①

这些以现代化代言人自居的改革者们认为欧洲是现代性的发源地，是他们学习的榜样，也是人类文明发展时间阶序上的最高点。他们进一步认为自己将欧洲现代性带到了奥斯曼帝国的中心——伊斯坦布尔。如今在这些改革者的努力下，伊斯坦布尔成为帝国最为现代化的城市，成为奥斯曼帝国境内时间阶序上的最高点。② 而他们下一步要做的便是以伊斯坦布尔为模版，向帝国其他未开化的地区散播这种现代性。帝国境内的巴格达、贝鲁特、小亚细亚半岛、黎巴嫩山区等地固然是需要被改革的地区，③ 然而对于改革者来说，最具挑战性的工作则是思考如何将现代性传播

---

① Johannes Fabian, *Time and the Other: How Anthropology Makes Its Object* (New York: Columbia University Press, 2014), 144-147.

② Zeynep Celik, *The Remaking of Istanbul: Portrait of an Ottoman City in the Nineteenth Century* (Berkeley: University of California Press, 1986), 31-48.

③ 有关奥斯曼帝国在小亚细亚、叙利亚和黎巴嫩等地的现代化改革，参见 Edhem Eldem, Daniel Goffman and Bruce Masters, *Ottoman City Between East and West: Aleppo, Izmir, and Istanbul* (Cambridge: Cambridge University Press, 2008)。

至帝国境内位于时间阶序最底层的阿拉伯半岛。

改革者们普遍认为阿拉伯半岛的游牧民族（主要指贝都因阿拉伯人）是落后和野蛮的，因此不但无法让自身拥有文明开化的生活，还会由于其无知和暴力的本性对他们自己以及整个帝国造成伤害。从时间序列上来看，这些游牧民族仍然生活在前现代时期，而他们的悲惨状况则只有改革者们施以现代化的"魔法"才能得以改善。身处帝国中心的改革者们相信通过引入现代化的科学技术、教育机构、管理制度，这些游牧民族不但可以成为合格的现代公民，还会因其游牧军事技能而为帝国的国防贡献良多。① 这些对于奥斯曼帝国热带边疆地区居民的想象构成了奥斯曼帝国的"东方主义"。如果说西方殖民帝国的"东方主义"为其殖民扩张提供了合法性，那么奥斯曼帝国的"东方主义"则是在以抵挡西方殖民扩张的名义为其内部殖民提供合法性。

在奥斯曼"东方主义"的指引下，一些改革者进一步将帝国的热带边疆视为殖民地，热带边疆的游牧民族则被视为被殖民者。改革者们认为如果奥斯曼帝国不想成为殖民地，那么它就需要成为与英国、法国、

---

① Ussama Makdisi, "Ottoman Orientalism," *American Historical Review* 3 (2002): 770.

第一章 奥斯曼帝国热带边疆的饮用水工程

汉志地区的贝都因人，20世纪初，Cetern for Creative Photography

俄国一样的现代国家。殖民主义则是让奥斯曼帝国得以完成这种转型的重要手段。① 至于如何在其热带边疆进行殖民，奥斯曼帝国的改革者们将目光投向了英国殖民统治下的印度。英帝国在印度所施行的土

---

① Selim Deringil, "'They Live in a State of Nomadism and Savagery': The Late Ottoman Empire and the Post-Colonial Debate," *Comparative Studies in Society and History* 2 (2003): 313.

邦王公间接统治政策①被运用到了奥斯曼帝国在汉志的现代化改革中。帝国开始通过给予当地部落首领贵族头衔和官职来获取其在现代化项目中的合作。②另一方面，奥斯曼帝国亦注意到广泛的基础设施建设对于英帝国巩固其在印度殖民统治的重要性，因此考虑将基建设为其热带边疆现代化的一个重要目标。③

汉志总督的改革报告

1885年，奥斯曼帝国的汉志总督奥斯曼·努里（Osman Nuri）向伊斯坦布尔提交了一份有关如何在汉志进行现代化改革的报告。努里认为，尽管汉志地区的贝都因人像行尸走肉一般野蛮而又毫无意义地生活在这片贫瘠的土地上，但经过一番现代化改造后，他们可以为帝国提供优质的兵源、经济生产力以及丰厚

---

① 间接统治是指英国在印度的某些地区与当地统治者达成某种协议，由这些统治者维持其内部统治，而仅仅将外交权转交给英属印度政府。
② Selim Deringil, "'They Live in a State of Nomadism and Savagery': The Late Ottoman Empire and the Post-Colonial Debate," *Comparative Studies in Society and History* 2 (2003): 318.
③ Thomas Kuehn, *Empire, Islam, and Politics of Difference: Ottoman Rule in Yemen, 1849-1919* (Leiden: Brill, 2011), 207-251.

第一章 奥斯曼帝国热带边疆的饮用水工程

的税收。① 因此,他建议首先建立现代的政府机关和税收制度以保证地方基建的经济基础,之后再建立学校并引进西式教育。有了经济来源和专业人才之后,中央政府便可以在汉志兴修大规模的通讯、交通和灌溉设施,从而将贫瘠的热带边疆变为可以自给自足的内地。② 根据努里的建议,奥斯曼帝国从 19 世纪末到第一次世界大战前在汉志建设了部落学校(Tribal School,为部落贵族子弟设立的流动式学校)、电报通信网络、铁路等基础设施。③

除了以上这些基础设施之外,供水系统的建设在汉志的现代化进程中具有着特殊的意义。在西方世界的"东方主义"叙事话语中,东方的环境往往

---

① Michael Christopher Low, "Ottoman Infrastructures of the Saudi Hydro-State: The Technopolitics of Pilgrimage and Potable Water in the Hijaz," *Comparative Studies in Society and History* 4 (2015): 951.

② Selim Deringil, "'They Live in a State of Nomadism and Savagery': The Late Ottoman Empire and the Post-Colonial Debate," *Comparative Studies in Society and History* 2 (2003): 327-329.

③ 有关部落学校的研究,可参见 Eugene Rogan, "Abdulhamid II's School for Tribes (1892-1907)," *International Journal of Middle East* 1 (1996): 83-107。有关电报网络建设的研究,可参见 Yakup Bektas, "The Sultan's Messenger: Cultural Constructions of Ottoman Telegraphy, 1847-1880," *Technology and Culture* 4 (2000): 669-696。有关汉志铁路的研究,可参见 William Ochsenwald, *The Hijaz Railroad* (Charlottesville: University Press of Virginia, 1980); Murat Ozyuksel, *The Hejaz Railway and the Ottoman Empire: Modernity, Industrialization and Ottoman Decline* (London: I. B. Tauris, 2014)。

奥斯曼·努里 Tim Ross Collection

被描述为是炎热且不健康的。这种有别于西方的环境，又被认为是助长甚至培育了东方文明的专制、懒惰与腐败。① 这套"环境东方主义"话语也被奥

---

① Suzana Sawyer and Arun Agrawal, "Environmental Orientalism," *Cultural Critique* Spring (2000): 71-108; Diana Davis, *Resurrecting the Granary of Rome: Environmental History and French Colonial Expansion in North Africa* (Athens: Ohio University Press, 2007).

斯曼帝国的改革者们用来形容汉志地区环境与文化之间的关系。他们认为阿拉伯半岛炎热而干旱的环境使得贝都因人贫困、好斗且难以管理。① 要将这些贝都因人规训为奥斯曼帝国的现代公民，就必须改变他们世代赖以为生的环境。在汉志建设大规模的供水系统因此被认为是汉志现代化进程的重要起步。②

饮用水危机、传染病与新型供水系统的诞生

汉志地区的供水系统据传是在公元 8 世纪至 9 世纪由阿巴斯王朝第五任哈里发哈伦·拉希德（Harun al-Rashid）的妻子贾法尔（Zubaidah bint Ja'far）资助建造的。她出资修建了一条水渠，得以将努曼（Wadi Nu'man）谷地的地下水引至麦加，为麦加的居民和朝觐者提供了可饮用的水源。③ 自 16 世纪汉志归属奥斯

---

① Diana Davis, "Imperialism, Orientalism, and the Environment in the Middle East," in Diana Davis and Edmund Burke III, eds., *Environmental Imaginaries of the Middle East and North Africa* (Athens: Ohio University Press, 2011), 3-4.

② Timothy Mitchell, *Rule of Experts: Egypt, Techno-Politics, Modernity* (Berkeley: University of California Press, 2002), 210.

③ Doris Behrens-Abouseif, "The Mahmal Legend and the Pilgrimage of the Ladies of the Mamluk Court," *Mamluk Studies Review* 1 (1996): 87-96.

曼帝国后,该地区的水利设施断断续续地由帝国在当地的代理人维护着。18世纪,伊斯兰教神学家瓦哈卜(Muhammad ibn Abd al-Wahhab)在阿拉伯半岛内陆创立了伊斯兰教瓦哈比派(Wahhabism)。他批评当时主流的逊尼派(Sunni Islam)堕入了偶像崇拜的歧途,强调要恢复伊斯兰教纯粹的一神信仰。瓦哈比派之后与地方部族领袖穆罕默德·本·沙特(Muhammad bin Saud)结盟,并建立了第一沙特王国,以在阿拉伯半岛推广瓦哈比信仰为己任。沙特王国在19世纪初开始公然挑战奥斯曼帝国的权威,并于1805年围攻麦加和麦地那。在围城过程中沙特王国的军队毁坏了城市的供水系统,使得城市居民深受其害。[①] 奥斯曼帝国苏丹穆斯塔法四世(Mustafa IV)要求当时的埃及总督穆罕默德·阿里(Muhammad Ali)派兵前往汉志平定这场叛乱。从1811年至1818年,阿里率领的埃及军队与沙特王国之间爆发了一场为期8年的战争。最终沙特第一王国覆灭,而瓦哈比派也遭受了巨大损失。

受到战争的影响,水源地被污染,输水渠被破坏,

[①] 关于瓦哈比派与奥斯曼帝国之间的冲突,参见 Emine Evered, "Rereading Ottoman Accounts of Wahhabism as Alternative Narratives: Ahmed Cevdet Pasa's Historic Survey of the Movement," *Comparative Studies of South Asia, Africa and the Middle East* 3 (2012): 622-632。

第一章 奥斯曼帝国热带边疆的饮用水工程

麦加附近的沙漠，1900 年，Artstor Slide Gallery

整个汉志的供水系统陷入瘫痪的状态。在之后的几十年中，汉志的居民只能依靠城市中的井水和雨水作为饮用水。尽管汉志地区的年降雨量不足 4 英寸，然而季节性的暴雨却并不少见。由于当地土壤沙化严重而缺乏吸水能力，暴雨造成的洪水时常将遍布街头的排泄物冲入水井之中。因为人类粪便是霍乱弧菌的主要载体，被霍乱弧菌污染了的井水导致了霍乱疫情在汉志的反复爆发。① 井水不仅易于被污染，且汉志地区水井的数量也不足以支撑其居住人口以及日益剧增的朝觐者，因此雨水成为汉志地区饮用水的主要来源。

汉志地区的降雨时间非常不均匀，往往是一年之中仅有几天的时间会降下暴雨。在这种情况下，一些商人会选择在城市外的空地用石头建造巨大的水箱用以接收雨水。这些雨水往往会被储存起来，待到朝觐期或发生干旱再以高价转卖给水贩。后者则将搜集到的水以更高的价格卖给外地朝觐者或是有需要的平民。由于大多数水箱都是建在旷野地下，因此当洪水泛滥时，这些水箱并不能免于被细菌污染。而当水箱中的水被水贩收购后，水贩疏于清洗的储水罐会对水造成二次污染。最终，这些雨水一方面因被细菌污染而加剧了传染病的流行，另一方面又因其高价而使当地平民与朝觐者怨声载道。②

在每年前往麦加朝觐的穆斯林中，印度穆斯林占

---

① John Keane, *Six Months in Mecca: An Account of the Muhammedan Pilgrimage to Mecca* (London: Tinsley Brothers, 1881), 176-190.
② Michael Christopher Low, "Ottoman Infrastructures of the Saudi Hydro-State: The Technopolitics of Pilgrimage and Potable Water in the Hijaz," *Comparative Studies in Society and History* 4 (2015): 959-960.

第一章 奥斯曼帝国热带边疆的饮用水工程

了绝大多数,这些印度穆斯林在圣地罹患传染病的现象逐渐引起了英属印度政府的关注。1878年,印度政府派遣了一名印度穆斯林医生阿卜杜尔·拉扎克(Abdur Razzack)前往汉志调查当地的卫生状况。拉扎克医生的报告显示麦加与吉达等城市的公共供水系统已经完全崩溃。城市的平民只能从水贩手中购买饮用水,而商人们则利用手中的水箱囤积居奇,哄抬水价。普通人的生活因此而困顿不堪。更可悲的是,人类排泄物经常与饮用水混杂在一起,并被水贩以高价兜售给朝觐者,致使传染病肆虐。拉扎克报告在西方各国引起了巨大反响,西方各国开始向奥斯曼帝国施压,要求其保障朝觐者的安全。[1]

对于奥斯曼帝国政府来说,汉志的饮用水危机极大削弱了其统治的合法性。一方面,作为圣地朝觐的保护者,奥斯曼帝国却无法为朝觐者提供安全的饮用水,这使得其在全球穆斯林面前颜面尽失;另一方面,饮用水问题暴露出的基建缺失、政府失能以及腐败

---

[1] Michael Christopher Low, "Ottoman Infrastructures of the Saudi Hydro-State: The Technopolitics of Pilgrimage and Potable Water in the Hijaz," *Comparative Studies in Society and History* 4 (2015): 958-960.

从吉达前往麦加路上的朝觐者,1861 年,Artstor Slide Gallery

在麦加附近扎营的朝觐者,20 世纪初,Artstor Slide Gallery

第一章　奥斯曼帝国热带边疆的饮用水工程

丛生使得奥斯曼帝国推广了数十年的现代化政策受到质疑。

基于这样的压力，汉志的供水系统成为奥斯曼帝国政府在19世纪末投入规模最为浩大的基础设施之一。在19世纪80年代，汉志总督努里组织了3000名工人挖凿开了努曼谷地（位于麦加东北部30公里）的地下水，并用4年时间重新疏通了古代连接努曼与麦加的水渠。疏通后的水渠为麦加城每分钟提供多达6000升的清洁饮用水。政府又在麦加城内修建了9个大蓄水池，并派专人看守清洁，以保证水质。之后政府在城市内铺设水管，使之与城内的医院、餐馆、政府机关、军营、沐浴场所相联结。在吉达市，政府疏通了距离城市10公里以外的一口水井，并动员了3000名工人用了超过3年的时间建造了一条水渠以将井水输入城内。利用这些井水，政府在吉达建造了一个配给站为居民和朝觐者分发洁净的饮用水。[1]

---

[1] Michael Christopher Low, "Ottoman Infrastructures of the Saudi Hydro-State: The Technopolitics of Pilgrimage and Potable Water in the Hijaz", *Comparative Studies in Society and History* 4 (2015): 957-961.

奥斯曼政府在汉志建造的蓄水池,1903 年

奥斯曼政府在吉达安装的海水净化装置,1911 年(reproduced by Michael Christopher Low)

系统的衰退

奥斯曼帝国在汉志地区的供水系统基础设施建设不仅为这个地区的普通居民提供了必要的公共服务,更为重要的是使这些居民感受到了现代国家的在场感。尽管奥斯曼帝国并没有足够的资源完成对汉志地区的完全控制，但是当人们看到政府主持修建的长达数十公里的水渠，公共建筑中的水龙头以及喷泉时，国家的形象及权力便已经植入普通人意识中。在长期统治着汉志的部落首领们看来，这些供水系统是奥斯曼帝国过度扩张的体现。帝国在汉志地区的基础设施建设在为自身提供了可见度之时，却是以削弱地方部落统治合法性为代价的。如果他们对于帝国的这种扩张视而不见，那么他们所享有的自治权便会逐渐消失。此外，麦加、麦地那和吉达等城市中的水箱投资者和水贩也对政府兴修的供水系统心存芥蒂。公共供水系统所提供的大量洁净饮用水拉低了水价，致使当地居民和朝觐者不再从水贩手中购买可能受到污染并且价格高昂的雨水。而水贩生意的受挫又直接影响到了势力强大的水箱投资者们的利益。部落首领与城市中的商人因此达成了共识，需要找到办法阻止帝国在该地区的扩张。①

1907年，英国派往奥斯曼帝国卫生部的观察员弗兰克·克莱默（Frank Clemow）发现吉达城内的居民只能依靠城外私人水箱中的雨水作为主要的饮用水。

---

① Michael Christopher Low, "Ottoman Infrastructures of the Saudi Hydro-State: The Technopolitics of Pilgrimage and Potable Water in the Hijaz," *Comparative Studies in Society and History* 4 (2015): 961.

第一章 奥斯曼帝国热带边疆的饮用水工程

之前为城市居民提供洁净饮用水的水井被人蓄意掩埋,而帝国政府耗费三年多时间修建的水渠也被人为破坏了。克莱默认为这种规模的破坏行动是由城市中的水箱投资人指使贝都因游牧部落所做的。这样破坏旨在让那些既得利益者重新获得吉达饮用水生意的垄断权。[①] 像这样针对政府供水系统的破坏行为也频繁出现在了麦加和麦地那等地,而帝国政府却无力调拨资源对这些基础设施进行保护和维修。到了一战爆发前,政府之前所建设的供水设施几乎都已经无法使用,汉志居民的饮水又回到了依靠雨水与水贩的时代。

1906年奥斯曼改革派学者胡赛因·瓦萨福(Huseyin Vassaf)在目睹汉志基础设施的衰败状况后感慨贝都因人的冥顽不化。他认为奥斯曼帝国的改革者们是无私、正直、具有政治远见与现代知识的。这些改革者们抱着自我牺牲的精神将文明的曙光带到了贫瘠的汉志,为当地人修建各种基础设施以帮助他们享受现代性的果实。然而汉志地区的贝都因人过于无知,贝都因部落首领又过于贪婪,因而他们不但不想进入现代,甚至还去毁坏那些原本可以给他们带去文明的基础设施。瓦萨福最后总结道,既然这些贝都因人如此害怕文明,那么这里的贫困、干旱、传染病将会永

---

① Birsen Bulmus, *Plague, Quarantines and Geopolitics in the Ottoman Empire* (Edinburgh: Edinburgh University Press, 2012), 165.

无止境。① 实际上，汉志的贝都因人对现代化的抵制进一步增强了伊斯坦布尔改革派的"东方主义"想象，即那些热带边疆的贝都因人确实是野蛮落后且生活在前现代时期的。因此汉志的贝都因人的抵抗愈激烈，奥斯曼帝国改革者想要将现代化推行到这个地区的欲望就愈强烈。不过由于国家能力的限制，以及当地利益集团的抵制，奥斯曼帝国直到覆灭也未能在汉志建立起系统的基础设施体系。

尽管奥斯曼帝国改革者们在汉志地区筹划的饮用水工程最终以失败告终，但这一系列基础设施建设却促使我们重新思考传统亚非帝国在现代世界的性质。以往我们倾向于强调传统帝国与西方殖民帝国之间的巨大差异，然而奥斯曼帝国在其热带边疆的基建扩张却向我们透露了两者之间的某种共性。此外，本章也展示了非西方世界民族主义者的"东方主义"想象，以及基建在这种想象中所扮演的角色。

---

① Michael Christopher Low, "Ottoman Infrastructures of the Saudi Hydro-State: The Technopolitics of Pilgrimage and Potable Water in the Hijaz," *Comparative Studies in Society and History* 4 (2015): 961-962.

殖民当局不久就发现，这些原本用于服务机动车的道路基建却被普通民众以及他们所使用的交通工具所占据了。

第二章
英属印度的街头交通

第二章　英属印度的街头交通

本章的内容主要聚焦于19世纪末20世纪初英属印度（包括今天的印度、巴基斯坦、孟加拉国）的城市道路规划与道路上的交通工具。笔者认为英属印度各大城市的道路交通基建主要是为殖民地精英服务的。当机动车在19世纪末被引进印度并被殖民地精英们所使用之后，印度的城市管理当局便开始改造城市道路以使其能够适应机动车的通行。然而拓宽改造后的道路却被大量非机动车，如牛车、自行车、马车、人力车所占据。机动车、非机动、行人对于道路使用权的争夺致使交通事故频发。殖民当局从精英的角度出发，认为非机动车驾乘人员的不文明行为是交通混乱状况的主因，因此开始着手制订规则并设置机构以规训道路使用者。不过，殖民地政府试图通过治理交通秩序从而延伸国家权力的政策和措施，不但为基层公务员的贪腐提供了机会，还触发了普通民众的抵制与反抗。本章认为，尽管英属印度殖民地的城市基建本意是为殖民地精英服务，但普通民众却重新诠释了这些基建的功能，并将其运用在了自己的日常生活中以服务于自己的利益。

帝国的交通工具

1981年,美国历史学家丹尼尔·海德里克(Daniel Headrick)出版了一本名为《帝国的工具:技术与十九世纪的欧洲帝国主义》的著作。[1] 在这本书中,海德里克指出西方的殖民主义在19世纪进入了一个高速扩张时期,其所达到的成就远远超过之前几个世纪的总和。究其原因,海德里克认为是19世纪西方工业技术的革命性突破加速了这些殖民帝国的形成与巩固。[2] 海德里克将19世纪欧洲帝国主义扩张划分为三个阶段。在第一阶段,西方通过蒸汽机与金鸡纳霜等药物技术成功在南亚、东南亚、非洲与加勒比海等地区立足并开始系统性掠夺殖民地的自然资源。到了第二阶段,殖民帝国依靠先进火器技术完成了对殖民地的征服并基本清除了反抗力量。在第三阶段,殖民当局通过海底电缆和铁路等技术将殖民地与殖民地母国更为紧密地连接,从而将殖民地经济融入资本主义全

---

[1] Daniel Headrick, *The Tools of Empire: Technology and European Imperialism in the Nineteenth Century* (New York: Oxford University Press, 1981).

[2] Ibid., 4.

球体系之中。① 对于海德里克来说，如果没有上述技术，西方国家要么根本无法开展海外扩张，要么会因效益太低而没有海外扩张的动力。因此，无论是蒸汽机、火枪，还是海底电缆，这些技术不仅仅只是欧洲殖民扩张的手段和工具，还直接塑造了殖民主义。换句话说，海德里克认为蒸汽机、火枪与海底电缆的发明和普遍应用让欧洲人有了向海外扩张的动机。在这种动机的指引下，欧洲人开始了全球范围内的军事征服、殖民开发与资源掠夺。

在海德里克长达200页的论述中，似乎存在着一条不可逾越的鸿沟，将技术性的西方与非技术性的东方分开来。西方人通过将他们在西方发明的技术带到东方从而实现了对东方的探索、殖民、统治与剥削。在整个过程中，东方只能受到西方技术的影响，如被滑膛枪打败、被金鸡纳霜治愈、被铁路联系起来，而自身却对西方技术毫无影响。海德里克的看法实际上回应了迈克尔·阿达斯（Michael Adas）在其《机器作为人的衡量标准》一书中所描绘的欧洲人通过科学技术水平评判其他文明发展程度高低的行为。阿达斯发现，自18世纪开始，欧洲人便相信他们在科学思想

---

① Daniel Headrick, *The Tools of Empire: Technology and European Imperialism in the Nineteenth Century* (New York: Oxford University Press, 1981): 11-12.

与技术创新方面具有远超过其他文明的优势。这种优越感不仅塑造了之后几个世纪欧洲与其他文明交流互动的方式,还促使一些欧洲人开始把科技水平当作衡量文明高低以及文化优劣的标准。①

先进的西方技术由技术的诞生地(西方)向技术落后的非西方地区"扩散"的叙事框架,在20世纪很长的一段时间内成为学术界研究殖民扩张进程的主流。② 这一叙事逻辑背后则表现了20世纪学术界对于技术,或者更广泛意义上的"物"的一般认知。当时普遍认为"物"本身并不具有主体性,"物"的世界是静态、无声与消极的,只有当人(主要是指西方精英)赋予"物"以意义和目的之后,"物"才得以在人类世界中变得可知。③

---

① Michael Adas, *Machines as the Measure of Men: Science, Technology, and Ideologies of Western Dominance* (Ithaca: Cornell University Press, 1989), 4.
② 有关这种观点的主要著作,参见 Daniel Headrick, *The Tentacles of Progress: Technology Transfer in the Age of Imperialism, 1850-1940* (New York: Oxford University Press, 1988); Roy MacLeod and Deepak Kumar, eds., *Technology and the Raj: Western Technology and Technical Transfers to India, 1700-1947* (New Delhi: SAGE, 1995)。
③ Louis Dumont, "On Value: The Radcliffe-Brown Lecture in Social Anthropology, 1980," *HAU: Journal of Ethnographic Theory* 1 (2013): 287-315.

第二章　英属印度的街头交通

物与资本主义

自20世纪80年代开始,历史学的社会文化转向也逐渐影响了学者们对于技术与殖民主义关系的思考。尽管大多数现代技术是在西方被发明,但当它们出现在非西方世界之后,当地的政治社会文化环境自然而然地会对这些技术产生影响,以使它们更加适应在地的情境。在本地化的过程当中,技术不可避免地会与当地社会发生关系,甚至成为当地社会的一部分。在非西方世界被赋予了新的意义并被重新诠释的技术因此也就不再是原先技术的简单复制,而是在与周边环境互动的过程中具有了社会生命的新技术。从这个角度来看,技术"扩散"论带有明显的西方中心色彩,非西方世界对于技术的原创性诠释和改造以及技术因此而获得的主体性则被忽略了。

有关"物"的主体性,阿琼·阿帕杜拉(Arjun Appadurai)在《物的社会生命:文化视野中的商品》一书中有详细的讨论。阿帕杜拉认为社会不仅仅建构了人的世界,也同时建构了"物"的世界。在"物"的世界中,每个"物"都有着自己的生命历程。而在生命的某个阶段,"物"会变成具有特定价值的商品。

阿帕杜拉将商品视为"物"在特殊生命阶段的呈现，只有当"物"与资本主义生产方式发生联系时，"物"才会变成商品，而一旦这种联系结束，"物"又会进入其社会生命的另一个阶段。商品在其交换过程中不断地流动，其流动的越"远"（空间、时间或者情境意义上的差别度高），则人们对这种商品的认知就越偏离商品交换前的内涵。① 在本章中，作为技术的"物"从西方流动到印度，在空间和情境上都发生了巨大的改变，这就使得技术的内涵也发生了变化，甚至演变成了在功能与目的上都不同于其原型的新技术。

自 21 世纪以来，越来越多的学者开始研究技术在非西方世界的发展与演变路径。在地化的技术与当地社会之间的互动催生出了新的文化范式、身份认同、社群组织以及政府机构。② 一方面，普通民众以自己

---

① Arjun Appadurai, "Introduction: Commodities and the Politics of Value," in Arjun Appadurai ed., *The Social Life of Things: Commodities in Cultural Perspective* (New York: Cambridge University Press, 1986), 3-63.

② 可参见 Rudolf Mrazek, *Engineers of Happy Land: Technology and Nationalism in a Colony* (Princeton: Princeton University Press, 2002); Suzanne Moon, *Technology and Ethical Idealism: A History of Development in the Netherlands East Indies* (Leiden: CNWS Publications, 2007); Frank Dikotter, *Things Modern: Material Culture and Everyday Life in China* (London: Hurst, 2007)。

的方法重新诠释与改造技术,并以此来抵抗或逃避政府的规训与干预;另一方面,政府也在试图运用技术以扩张自身的权力范围并应对来自基层的挑战。①

"日常国家"

在20世纪很长的一段时间里,西方学术界倾向于用一种宏大、抽象与整体性的视角来理解和研究国家。在他们看来,现代国家是建立在对领土的绝对主权之上,并由一系列的行政与法规构成的组织。② 这种组织以行政管理部门、警察和军队为核心,并配置以各式各样的执行单位在其领土内行使管辖权。③ 不满于将国家仅仅视为实体机构与人员的集合,一些社会学家认为我们更应该将国家视为一个意识形态项目。这些经济、社会、文化意识形态决定了国家外在的机构、

---

① 这方面的经典研究是 Eric Tagliacozzo, *Secret Trades, Porous Borders: Smuggling and States Along a Southeast Asian Frontier, 1865-1915* (New Haven: Yale University Press, 2009)。
② Max Weber, *The Theory of Economic and Social Organization* (New York: Free Press, 1964), 156.
③ Theda Skocpol, *States and Social Revolutions: A Comparative Analysis of France, Russia and China* (Cambridge: Cambridge University Press, 1979), 29.

制度和法律。① 无论是实体机构还是意识形态，两派学者似乎都认同国家与社会之间是存在着一条明显鸿沟的，国家与社会之间互不统属且相互独立。

蒂莫西·米切尔认为上述两类观点都将国家视为一种（有形的或无形的）结构。不过米切尔并不觉得国家是结构，而是结构所引起的效应的集合。国家结构通过各种措施造成效应，而国民则通过这些效应认知国家的存在。譬如国家通过警察、法律、护照等形式制造出跨国旅行必须得到国家许可的效应，而正是这种效应让国民感知到了国家的存在。② 如果说国家需要其国民所组成的社会的感受与认知才能得以存在，那么国家与社会可能就并非泾渭分明的两个概念。

阿基尔·古普塔（Akhil Gupta）发现之所以一些学者会将国家与社会二分对待，是因为他们过于关注国家中心、上层的组织与决策。如果将目光下沉到政府的基层组织及其日常运作过程中，我们便会发现国家与社会的边界越来越模糊。基层官僚可能同时也是

---

① Philip Abrams, "Notes on the Difficulty of Studying the State," *Journal of Historical Sociology* 1 (1988): 58-89.
② Timothy Mitchell, "The Limits of the State: Beyond Statist Approaches and Their Critics," *American Political Science Review* 85 (1991): 94-95.

当地黑社会的首脑，政府办公场所可能也是家族聚会的场所，公务人员大多数工作时间并不是在办公室而是在路边的茶馆。① 从这个角度来看，社会与国家相当紧密地结合在一起，彼此之间无法再被单独剥离出来研究。这种国家在社会基层的日常运作又被称为"日常国家"（Everyday State）。② 本章将要展示19世纪末20世纪初英属印度的城市规划、道路交通技术、普通民众的生活与日常国家之间的互动，以及这种互动背后的权力关系演变。

黑白城

有关殖民地时期印度城市的研究，"殖民主义"无疑是被讨论的最为频繁的主题之一。学者们倾向于分析殖民主义及其所导致的政治压迫、经济剥削、宗教冲突、身份隔离等问题如何塑造了英属印度城市的

---

① Akhil Gupta, "Blurred Boundaries: The Discourse of Corruption, the Culture of Politics and the Imagined State," *American Ethnologist* 22 (1995): 384.
② 有关"日常国家"概念的产生与定义，参见 C. J. Fuller and John Harriss, "For an Anthropology of the Modern Indian State," in C. J. Fuller and Veronique Benei eds., *The Everyday State and Society in Modern India* (London: Hurst & Company, 2001), 1-30。

特征。① 而殖民主义也深刻影响了英属印度的城市规划。英国殖民者在印度用"卫生"的概念把西方人与印度土著区别开来。一方面,英国人认为西方是文明与理性的,因此也是卫生洁净的;另一方面,印度人在这种西方话语中则是野蛮落后的,因此也与传染病、危险、不确定等特征联系在了一起。在这种话语的影响下,为了保证自身的"洁净"不被污染,殖民者在城市规划上刻意与土著划清界限,由此也产生了印度城市中的"黑白城"现象。"黑城"即印度土著居住的区域,"白城"则是西方人居住的区域。② 这种"黑

---

① 相关研究,可参见 Christine Dobbin, *Urban Leadership in Western India: Politics and Communities in Bombay City, 1840-1885* (New York: Oxford University Press, 1972); C. A. Bayly, *Rulers, Townsmen and Bazaars: North Indian Society in the Age of British Expansion, 1770-1870* (New York: Cambridge University Press, 1983); Veena Oldenburg, *The Making of Colonial Lucknow, 1856-1877* (Princeton: Princeton University Press, 1984); Prahant Kidambi, "Nationalism and the City in Colonial India: Bombay, c. 1890-1940," *Journal of Urban History* 5 (2012): 950-967; Douglas Haynes and Nikhil Rao, "Beyond the Colonial City: Re-Evaluating the Urban History of India, ca. 1920-1970," *South Asia: Journal of South Asian Studies* 3 (2013): 317-335。

② 有关"黑白城"的研究,可参见 Anthony King, *Colonial Urban Development: Culture, Social Power and Environment* (London: Routledge and Kegan Paul, 1976); Mariam Dossal, *Imperial Designs and Indian Realities: The Planning of Bombay City, 1845-1875* (Bombay: Oxford University Press, 1991); Swati Chattopadhyay, "Blurring Boundaries: The Limits of 'White Town' in Colonial Calcutta," *Journal of the Society of Architectural Historians* 2 (2000): 154-179; Ranjit Sen, *Birth of a Colonial City: Calcutta* (London: Routledge, 2019)。

白城"现象及其所折射出的殖民地社会权力分配引发了一系列有关西方殖民主义压迫与本土民族主义反抗的讨论。① 这种"冲击—回应范式"在近20年来逐渐被重新审视。越来越多的研究表明,殖民地时期印度的城市规划、建设和发展并不是一个线性的过程,也并非殖民当局完全掌控和推进的。印度的商人、手工业者、农民工、宗教团体都参与到了城市的想象和构建过程之中。这种殖民者与被殖民者通过法律强制、协商、妥协、消极抵抗、暴乱等形式共同塑造的城市空间,往往是与殖民当局以"理性"与"科学"所想象出来的图景南辕北辙的。② 在本章中,印度街头交

---

① 在典型的"黑白城"叙事逻辑中,印度的城市规划被描述为是殖民者推动的,而印度民族主义者则是在受到殖民地城市不平等的权力分配的刺激之后展开行动,以谋求改变,可参见 C. A. Bayly, *The Local Roots of Indian Politics: Allahabad, 1880-1920* (Oxford: Clarendon, 1975); Sandria Freitag, *Collective Action and Community: Public Areas and the Emergence of Communalism in North India* (Berkeley: University of California Press, 1989)。

② 有关印度土著如何参与构建了殖民地城市的想象与规划,参见 Susan Lewandowski, *Migration and Ethnicity in Urban India: Kerala Migrants in the City of Madras, 1870-1970* (New Delhi: Manohar, 1980); C. A. Bayly, *Rulers, Townsmen and Bazaars: North Indian Society in the Age of British Expansion 1770-1870* (Cambridge: Cambridge University Press, 1983); Sujata Patel, *The Making of Industrial Relations: The Ahmedabad Textile Industry, 1918-1939* (Delhi: Oxford University Press, 1987); Dipesh Chakrabarty, *Rethinking Working-Class History: Bengal, 1890-1940* (Princeton: Princeton University Press, 1989); Anne Hardgrove, *Community and Public Culture: The Marwaris in Calcutta, 1897-1997* (New York: Columbia University Press, 2004); Douglas Haynes, *Small Town Capitalism in Western India: Artisans, Merchants and the Making of the Informal Economy, 1870-1960* (Cambridge: Cambridge University Press, 2012)。

通所呈现出的多样性也是殖民者与印度人博弈的结果。而这样的结果与殖民当局将印度街头交通与西方现代性联系在一起的设想大相径庭。

英国东印度公司从17世纪开始在印度从事贸易活动，并陆续在马德拉斯、加尔各答和孟买等地建立起了贸易站点。随着英国与东方贸易规模的增长，东印度公司在印度的贸易站点作为印度洋上的中转站而日渐繁荣。这些贸易站点都有着相似的布局，即由一个堡垒和其周边的土著市场及村落共同构成。堡垒邻近港口，其中设有存放商品的仓库以及东印度公司员工的宿舍，是西方人主要的活动区域。堡垒周边的村落和市场则是为东印度公司提供服务或与其有贸易往来的印度人居住活动的场所。这一时期，东印度公司并没有对其贸易站点有具体的城市建设规划，而对贸易站周边的土著村落也采取了不干预的政策。

随着18世纪中后期东印度公司向印度内陆的扩张，其性质也从贸易公司转型为了殖民帝国。马德拉斯、孟买、加尔各答则在这一时期发展成为东印度公司掌控印度南部、西部、东部的行政中心。大量西方专业人士和印度人也在这一时期涌入上述城市，给城市带来了卫生、秩序、安全、文化等方面的挑战。到了19世纪，殖民当局发现他们必须对城市进行规划并建设相应的基础设施以便使其更能适应那个时代的需要。一方面，城市基础设施的发展（土地开始被系统的开发利用以创造更多的居住空间；铁路的建设勾连起了港口与内陆；现代市政管理机构的设立为印度城市带来了制度化的管理理念和方式）使得马德拉斯、加尔各答和孟买等城市能够更加适应19世纪资本主义全球体系的需求。另一方面，税务、卫生防疫、警察、海关等机构的制度化，则体现了殖民政府规训和管治当地社会以巩固其殖民统治的尝试。正是在这样的历史背景下，现代交通工具出现在了印度城市街头。

汽车时代

1892年，印度伯蒂亚拉（Patiala）土邦的王公从法国人手中购买了一辆蒸汽机动力的三轮车并将其带到了印度，由此开启了印度的汽车时代。到了20世纪初，汽车在印度主要城市的街头已经变得非常常见。据统计，1908年孟买共有276辆汽车，马德拉斯有250辆汽车，加尔各答则有202辆汽车。美国福特式生产线的兴起、制造成本的降低使得印度在20世纪20年代后从美国进口大量的汽车。到了1936年，全印度共有12万辆注册在案的机动车。马德拉斯在这一时期有13000多辆小汽车、3600辆公共汽车、960辆

加尔各答街头的机动车,1921年,http://oldkilkata.blogspot.com

卡车、300辆出租车。孟买街头当时也有13000辆小汽车、4500辆公交车、3200辆卡车。①

在20世纪初的印度,机动车不仅仅只是交通工具,还包含了身份与现代性等诸多内涵。印度土邦王公与殖民官员是最早拥有汽车的群体。对于他们来说,私家汽车的功能并不充分体现在其交通属性上,更为重要的则是在彰显汽车所有者的社会地位。当英国印

---

① David Arnold, "The Problem of Traffic: The Street-Life of Modernity in Late-colonial India," *Modern Asian Studies* 1 (2012): 124.

度事务专员埃德温·蒙塔古（Edwin Montagu）在1918年访问印度时，他发现尽管一些王公和富裕商人仍然选择坐马车出行，但几乎所有本土权贵家中都至少有一辆汽车，并配有相应的司机。① 在这些印度权贵看来，他们所拥有的汽车成为他们与西方现代性相联系的纽带，也成为他们自我标榜的高贵身份的标识物。对于这种高贵身份的追求也促使越来越多的新贵专业人士，如政府官员、律师、医生等，为自己添置汽车。②

以机动车为代表的现代交通工具在印度街头的出现，也激发了殖民当局的兴趣。英国在印度殖民统治的合法性来源于英国人所自诩的现代和文明。英国人将现代与文明带到印度，以此帮助印度人完成从传统社会向现代文明社会的转型。机动车（包括了私家汽车、有轨电车、卡车等）作为现代文明的产物，其在街头出现时所呈现的视觉和听觉效果被殖民当局认为具有增强其统治合法性的作用。③

由于机动车既是部分特权阶层的交通工具，又能

---

① Edwin Montagu, *An India Diary* (London: Heinemann, 1930), 235.
② David Arnold, "The Problem of Traffic: The Street-Life of Modernity in Late-colonial India," *Modern Asian Studies* 1 (2012): 125.
③ Ibid., 122.

孟买街头的机动车 1930 年，https：bombaylooyearsago.com

够契合殖民主义在印度的发展话语，因此，殖民当局在 20 世纪初开始有计划地改造城市道路，以使其能够适应机动车的通行。在殖民地精英（包括英国人和印度土著精英）居住和活动的区域，马路被拓宽，土坑被填平，沥青或砖石被铺设在路面上。[①] 然而，殖民当局不久就发现这些原本用于服务机动车的道路基建却被普通民众以及他们所使用的交通工具所占据了。

---

① H. V. Lanchester, *Town Planning in Madras* (London: Constable, 1918).

第二章 英属印度的街头交通

在机动车出现在印度街头的几乎同一时间，自行车也被引进到了印度各大城市。在20世纪初，印度每年要从国外进口大约35000辆自行车。从1910年到1946年，全印度总共进口了大约250万辆自行车。这些自行车绝大多数都是由英国的制造商生产并出口的。① 当时印度有关自行车的广告大都是以英国本土为背景，广告中的骑行者则以白人中产阶层为主。这种宣传营销也侧面反映了印度当时的自行车使用群体。② 在印度气候比较温和的山区，西方人经常以骑行自行车的方式放松和锻炼身体。全家共同骑自行车郊游也是当时常见的休闲娱乐方式。③

到了20世纪20年代，日本生产的自行车开始进入印度市场。由于其较为低廉的价格，日本自行车在第二次世界大战爆发前已经拥有了将近10%的印度市场份额。④ 同时，一些印度商人也开始通过回收废品

---

① David Arnold and Erich DeWald, "Cycles of Empowerment? The Bicycle and Everyday Technology in Colonial India and Vietnam," *Comparative Studies in Society and History* 4 (2011): 974.
② Ibid., 976.
③ L. Woolf, *An Autobiography*, *Vol. 1, 1880-1911* (Oxford: Oxford University Press, 1980), 233.
④ David Arnold and Erich DeWald, "Cycles of Empowerment? The Bicycle and Everyday Technology in Colonial India and Vietnam," *Comparative Studies in Society and History* 4 (2011): 974.

自行车、港口与缝纫机

印度北部骑自行车的当地公务员，1908 年，Schlesinger Library of the History of Women in America

以及利用本土制造的零部件来组装自行车。随着日本以及本土生产的自行车在市场上大量流通，其价格亦逐渐下降，越来越多的印度城市专业人士开始购置他们自己的自行车。① 对于城市职业人士来说，自行车所蕴含的现代性与他们职业，如工厂管理者、公务员、医生、工程师等所代表的现代性是契合的。因此，自行车不仅为他们在住所与工作场所之间的通勤提供了便利，也能够体现他们作为现代城市居民的身份。

当越来越多的印度人开始使用自行车时，印度的英国殖民精英转变了他们对于自行车的看法。殖民地精英开始认为西方人在印度骑自行车是不合适的。他们认为在印度湿热的气候下骑自行车会让骑行者汗流浃背，以至于非常的"不体面"。又由于自行车骑行没有任何隐私性，因此西方人骑自行车时的"不体面"会被印度路人观察到。因为英国在印度的殖民统治建立在印度人对西方文明优越性的想象之上，一旦这种幻想被西方人的"不体面"所破坏，那么殖民主

---

① David Arnold and Erich DeWald, "Cycles of Empowerment? The Bicycle and Everyday Technology in Colonial India and Vietnam," *Comparative Studies in Society and History* 4 (2011): 978.

义的合法性也就荡然无存了。① 基于上述考虑，殖民地精英不再愿意使用自行车出行，而是转而使用隐私性更好的汽车。对于殖民地精英来说，汽车帮助他们避免了与被殖民者的直接接触，保持了他们的神秘性，也因此维护了殖民统治的合法性。②

除了自身不再使用自行车之外，殖民地精英还进一步将种族主义话语、道路安全问题与自行车骑行者的身份联系了起来。20世纪上半叶，印度各大城市为了方便机动车的通行对主要道路进行了现代化的改造。然而出乎殖民当局意料的是，大量的非机动车交通工具也出现在了道路上，因此造成了前所未有的交通混乱情况。1927年英国学者玛格丽特·里德（Margaret Read）访问加尔各答时发现这个城市的主要道路上挤满了机动车、牛车、自行车、行人和动物。汽车的鸣笛声、路边小贩的喧闹声、动物的叫声混杂在一起，完全打碎了她对于东方宁静优雅生

---

① 布尔战争时，数千名布尔战俘被送至印度关押。由于布尔人是白人，因此关押布尔人的战俘营设施非常完善，且布尔战俘从未被要求参加过任何劳动。英印政府认为如果让印度人看到白人战俘也像印度人一样劳动，那么英国在印度殖民统治的威信将丧失。参见 Isabel Hofmeyr, "South Africa's Indian Ocean: Boer Prisoners of War in India," *Social Dynamics* 3 (2012): 363-380。
② 同上书，第981页。

第二章 英属印度的街头交通

马德拉斯街头的人力车,1920 年代,old indian photos collection

活的想象。①

城市道路交通状况的混乱使得交通事故变得越来越常见。早在 1908 年,加尔各答警方就报告了道路上的机动车与行人相撞并导致伤亡的事件。到了 20 世纪 20 年代,全印度因交通事故而伤亡的人数不断增加,

---

① Margaret Read, *From Field to Factory: An Introductory Study of the Indian Peasant Turned Factory Hand* (London: Student Christian Movement, 1927), 9.

加尔各答街头的水牛车，1933年，https://oldkilkata.blogspot.com

警察也不得不成立交通事故调查部门来专门处理类似案件。① 1931年，全印度共有797人在交通事故中身亡，另有6611人受重伤。随着机动车数量的增多，事故也随之增加。到了1935年，交通事故共在印度造成1309人丧生，9621人重伤。尽管当时印度的机动车数量远远低于英国，但这一时期印度的交通事故率却是英国的三倍。②

---

① David Arnold, "The Problem of Traffic: The Street-Life of Modernity in Late-colonial India," *Modern Asian Studies* 1 (2012): 131.
② Ibid.

对于如此频发的交通事故以及节节攀升的伤亡人数，印度机动车保险委员会（Motor Vehicle Insurance Committee）认为，这主要是机动车司机的责任。机动车司机的超速驾驶、超载、安全意识缺失以及机动车本身缺乏维护，给其他道路使用者造成了危险。此外，该委员会也认为城市道路管理者并没有有效的宣传交通安全意识以及进行道路交通管理。① 总之，对于大多数外部观察者来说，政府以及机动车所有者应当对大多数事故负主要责任。

然而在殖民当局的话语中，绝大多数街头交通事故是由骑自行车的人引发的。政府认为自行车是一种较为低端的交通工具，需要以人力作为动力。在无法为骑行者的身体提供任何保护的情况下，自行车却能够达到很快的速度，因而这种交通工具会对骑行者自己以及其他道路使用者带来危险。此外，因为自行车的骑行者大多是普通印度人，而这些人又被殖民当局认为是冲动而缺乏理性的。② 当"尚未文明开化"的印度人与"低端且又危险"的技术结合在一起时，殖民当局自然而然地将其与交通事故的始作俑者联系在了一起。因此，当自行车与机动车相撞发生事故时，

---

① David Arnold, "The Problem of Traffic: The Street-Life of Modernity in Late-colonial India," *Modern Asian Studies* 1 (2012): 131.
② Ibid., 132-133.

交警在大多数情况下会把责任归结为自行车骑行者的无知与鲁莽。受伤或被撞身亡的骑行者被认为是"自作自受",而撞人的机动车则被认为是无辜的。①

基于上述认知,印度殖民政府开始在普通印度人的日常生活中大规模开展交通规则教育。在 1939 年马德拉斯政府的一则公告中,当局认为,提高自行车骑行者的交通意识是减少交通事故最为重要的一条措施。这种交通意识的教育不仅仅需要由警察来执行,更需要社会全体成员在日常生活中的参与。② 实际上,印度殖民当局在整个 20 世纪上半叶都在尝试将交通法规灌输到普通印度人的日常行为之中——印有通俗易懂的交通规则图文的宣传册经常会被免费分发给行人;几乎每一期报纸上都会有关于交通规则的介绍;学校则在课堂上对学生进行交通规则教育。

政府尝试治理街头交通最为重要的措施之一便是扩大交警的规模和权限,使其能够对违反交通规则者进行教育与惩罚(往往以罚款的形式实现)。然而这套规训机制却为交警打开了牟利的空间。印度城市街头的交警逐渐与机动车驾驶者、自行车骑行者,甚至

---

① David Arnold, "The Problem of Traffic: The Street-Life of Modernity in Late-colonial India," *Modern Asian Studies* 1 (2012): 134.
② Ibid., 134.

行人形成了某种共谋关系——后者通过贿赂的方式逃避规训与惩罚，而前者则将交通法规视为自己敲诈道路使用者的工具。① 直到英国在印度的殖民统治结束，印度的街头交通仍然像1927年里德在加尔各答看到的那样杂乱无章，毫无现代性的痕迹。从这种杂乱无章中，我们可以发现英属印度的街头交通并非一个自上而下的现代化故事，而是帝国主义理念、精英、现代性技术以及基层诉求和智慧在印度街头的日常生活中相互博弈与融合的结果。

本章介绍了殖民地时期出现在印度城市街头的主要现代交通工具，以及这些交通工具是如何在殖民话语中呈现的。本章指出，殖民当局基于其有关"文明""现代""进步"等概念的想象来规划和建设城市交通基建，规训和教育城市交通的各方参与者。然而，殖民当局出于维护精英利益和政府权威而改造的道路和制定的交通法规不仅无法在基层得到贯彻和认同，还被普通印度人的日常技术所利用和诠释。

---

① 有关印度日常国家中的贿赂，可参见 Akhil Gupta, "Blurred Boundaries: The Discourse of Corruption, the Culture of Politics and the Imagined State," *American Ethnologist* 22 (1995): 375-402。

如果说英国是英帝国全球网络的中心,那么条件与之相似的锡兰也应当有潜力成为这个网络中的重要节点。

第三章
帝国主义话语下的科伦坡港

第三章　帝国主义话语下的科伦坡港

全球化想象

19世纪末20世纪初，英帝国的政治与商业精英将锡兰（今斯里兰卡）的科伦坡港视为连接东南亚、南亚以及阿拉伯世界的交通节点。科伦坡港繁荣与忙碌的景象则被认为是英帝国将文明与进步传播至非西方世界的象征。本章将以殖民地时期科伦坡港的规划、建设与发展为背景，着重分析"联系"与"流动"等概念与帝国主义和资本主义的关系。本章认为上述这些概念是在殖民地时期被英帝国的政策制定者与资本家创造出来的，用以将自身诉求（对殖民地的经济剥削）合法化。在"联系"与"流动"话语之外，全球资本主义在科伦坡港的发展则造成了诸多的"割裂"与"隔离"。

自冷战结束以来，"全球化"成为一些政治与商业精英所倡导的议题。在他们看来，全球化过程中人员和商品的流动不仅促进了世界经济的发展,更加速了不同族群和文化的融合。尽管这个由精英倡导的"全球化"自其流行伊始便遭到质疑与批评,但构成"全球化"现象核心要旨的"联系"与"流动"等概念却在政治、经济、文化领域被热烈追捧,并逐渐成为主流的政治经济话语。因此今天我们可以发现,无论是联合国、民族国家政府、跨国公司,还是动物保护团体和大学,这些机构都在使用"联系"和"流动"为他们的行为提供合法性。

纽约大学人类学教授阿琼·阿帕杜拉从人口、技术、金融、媒体、意识形态五个要素分析了19世纪以来全球化进程中的"联系"和"流动"。① 他认为上述五个要素相互之间的关联构成了我们今天所认识的全球化现象。譬如媒体中展现的图像和叙事为其受众提供了一种有关远方美好生活的想象;这种想象又被诸如"民主"和"自由"等意识形态术语所包裹;受到媒体和意识形态影响的群体依靠技术旅行至异国他乡,并通过技术与故乡维持着联系;金融资本则是媒体运作和移民机制的基础。在绝大多数情况下,上述五个要素的关联是无序甚至断裂的。19世纪以来的全球"联系"与"流动"并不是在政商精英与民族国家

---

① Arjun Appadurai, "Disjuncture and Difference in the Global Cultural Economy," *Theory, Culture & Society* 7 (1990): 295-310.

主导下有序发展的,而是建立在各个要素内部以及相互之间的冲突基础上的。

阿帕杜拉进一步发现这种无序不可预测,且充斥着裂痕的"联系"与"流动"造成了全球化进程中的"去疆域化"(deterritorialization)状态。在传统的研究中,族群、商品、文化都是与有明确界定和界限的空间联系在一起的。每一个特定的族群、商品、文化都对应着特定的空间,譬如印度泰米尔纳德的泰米尔人、美国南部的爵士乐、法国波尔多的葡萄酒。19世纪以来的全球人口、商品、思想流动使其与空间的固定关系逐渐减弱。某些要素逐渐超越了"疆域"的束缚,而进入了悬浮状态。"去疆域化"的状态对依赖于"疆域"的民族国家构成了挑战,同时也颠覆了政商精英所建构起来的基于民族国家和跨国资本管治的有序且线性的全球化想象。①

摩擦:全球联系的常态

与阿帕杜拉相似,加州大学人类学家罗安清

---

① Josiah Heyman and Howard Campbell, "The Anthropology of Global Flows: A Critical Reading of Appadurai's 'Disjuncture and Difference in the Global Cultural Economy'," *Anthropological Theory* 2 (2009): 133.

(Anna Tsing)也认为1990年代以来全球政商精英在尝试建构与推销一种有利于他们自身利益的全球化想象。在这种精英的全球化想象中，商品、资本、思想、人员应当自由通畅地流动，并由此达到资源的最优化配置。阻碍流动的关税、保护主义、签证等机制则应当被弱化。总之，政商精英所期待的全球联系是无缝衔接且畅通无阻的。① 然而这种精英视角下的全球化在罗安清看来并不存在，也不会到来。

罗安清在其有关印度尼西亚加里曼丹岛热带雨林开发的研究中指出，全球联系是由不同参与要素之间的"摩擦"所塑造的。她发现自20世纪70年代以来，跨国资本开始与印尼政府官僚开展合作，对加里曼丹岛上的热带雨林进行大规模砍伐。热带雨林中的木材因此被销往全球以满足消费者的需求。同时，加里曼丹岛热带雨林中的原住民，雅加达的学生运动组织，以及国际环保团体则从各自的立场和视角出发，发起了雨林保护运动。罗安清认为这场围绕着雨林开发和环境保护的争端不能以简单的跨国资本剥削与在地民众反抗这种二分法来分析。实际上，跨国木材公司、印尼当地政府、原住民以及环保团体共同构成了一幅完整的全球联系的图景，而使这种全球联系成为可能

---

① Anna Tsing, *Friction: An Ethnography of Global Connection* (Princeton: Princeton University Press, 2005), 5.

的则是参与者之间的"摩擦"。①

对于罗安清来说,"摩擦"所带来的不稳定、不平等且混乱不堪的全球联系才是常态。② 在加里曼丹岛热带雨林开发与保护的案例中,跨国资本与当地官僚试图用一套精英全球化的话语来合法化他们的行为。在这套话语中,热带雨林的开发以及木材的全球流动既满足了各国客户的需求,又帮助当地政府赚取了外汇,甚至还解决了当地土著的就业问题,因此体现了无缝衔接且畅通无阻的全球化的巨大潜力。然而这套精英全球化的话语却无法掩盖参与者之间"摩擦"的现实——世界各地客户需要支付极高的价格才能买到实际成本低廉的木材;跨国资本通过贿赂当地官僚以极为廉价的成本开发丛林,而政府却并未能从中获得外汇;当地土著既失去了赖以为生的森林资源,也没有获得任何就业机会。罗安清认为塑造了当今世界全球联系的"摩擦"关系在精英全球化话语体系中被故意省去了,随之一起被遗忘和掩埋则是"摩擦"中所产生的焦虑、失望、苦难与不平等。

---

① Anna Tsing, *Friction: An Ethnography of Global Connection* (Princeton: Princeton University Press, 2005), 3.
② Ibid., 5.

本章延续了阿帕杜拉与罗安清对于政治和商业精英所定义的全球化的批判,并进一步尝试挖掘被精英全球化话语边缘化了的族群及其经历。通过将"联系"与"流动"等概念放在19世纪末20世纪初英帝国全球扩张的历史语境下加以分析,本章将揭示科伦坡港是如何被英帝国精英们想象为一个"连接世界的交通节点"的。而在将这种精英想象转变为现实的过程中,诸多相关群体不仅没有被"连接",反而被"孤立"与"隔绝"了。

20世纪90年代以来,全球化的加速使得越来越多的学者开始反思以民族国家作为研究单位的单一范式,并尝试使用跨国(transnational)与跨境(cross-boundary)的方法对研究对象做进一步的挖掘和重审,全球史研究因此受到关注与追捧。[1] 在影响力与日俱增的全球史领域,"联系""流动""网络"等概念占

---

[1] 有关全球史兴起的历史背景和脉络,可参见 Michael Geyer and Charles Bright, "World History in a Global Age," *American Historical Review* 4 (1995): 1034-1060; Jerry Bentley, "Myths, Wagers, and Some Moral Implications of World History," *Journal of World History* 1 (2005): 51-82; C. A. Bayly, Sven Beckert, Matthew Connelly, Isabel Hofmeyr, Wendy Kozol, and Patricia Seed, "AHR Conversation: On Transnational History," *American Historical Review* 5 (2006): 1441-1464; Patrick O'Brien, "Historiographical Traditions and Modern Imperatives for the Restoration of Global History," *Journal of Global History* 1 (2006): 3-39。

据着重要的位置。作为最能够体现上述这些概念的港口城市也自然而然地成为相关学者们关注的焦点。近年来,越来越多的学术作品开始以港口城市为切入点,向读者展示西方中心霸权话语之外人类社会的多样性。① 就印度洋上的港口城市而言,文化的碰撞与融合、移民的日常生活、政治思想和运动的交错以及资本的生成与流动都成为学者们感兴趣的议题。② 港口

---

① 有关港口城市的研究在全球史领域的重要性,可参见 Sandip Hazareesingh, "Interconnected Synchronicities: The Production of Bombay and Glasgow as Modern Global Ports c. 1850-1880," *Journal of Global History* 1 (2009): 7-31。

② 有关印度洋港口城市中的文化交流,可参见 Pedro Machado, "Views from Other Boats: On Amitav Ghosh's Indian Ocean 'Worlds'," *American Historical Review* 5 (2016): 1545-1551; Nile Green, "The Waves of Heterotopia: Toward a Vernacular Intellectual History of the Indian Ocean," *American Historical Review* 3 (2018): 846-874。有关印度洋港口城市居民的日常生活,可参见 James Warren, *Rickshaw Coolie: A People's History of Singapore 1880-1940* (Singapore: NUS Press, 2003); Sunil Amrith, *Crossing the Bay of Bengal: The Furies of Nature and the Fortunes of Migrants* (Cambridge MA: Harvard University Press, 2015)。有关印度洋港口城市间的政治运动网络,可参见 Sugata Bose, *A Hundred Horizons: The Indian Ocean in the Age of Global Empire* (Cambridge MA: Harvard University Press, 2009)。印度洋港口间的资本运作和流动,可参见 M. N. Pearson, "Brokers in Western Indian Port Cities Their Role in Servicing Foreign Merchants," *Modern Asian Studies* 3 (1988): 455-472; Jessica Hanser, *Mr. Smith Goes to China: Three Scots in the Making of Britain's Global Empire* (New Haven: Yale University Press, 2019)。

在上述研究中被认为是联系着印度洋各个区域以及世界其他地区的纽带。人员、资本、商品、思想的流动通过不同港口进行传播,因此港口也是接收外来事物的前哨站。

不过一些学者进一步指出港口的影响远不止于沟通与传播,它还起着一种类似压力锅的作用。原先各自不相关的元素在同一段时间汇聚在了同一个特定的空间,并因此融合为了混杂风格的新元素。在港口城市出现的普世性思想、本土化的外来商品、杂交的文化和混血的族群也进一步刺激学者们重新思考帝国、民族主义、族群认同等原先仅在民族国家框架下得到关注的议题。① 除了港口的联通和聚集特征,对于医学史感兴趣的学者发现近现代的港口实际上与传染病流行以及防疫制度的兴起有着密切的联系。一方面,

---

① 有关港口城市所起到的压力锅作用及其所生成的混杂元素,可参见 Ann Laura Stoler, *Carnal Knowledge and Imperial Power: Race and the Intimate in Colonial Rule* (Berkeley: University of California Press, 2002); Thomas Metcalf, *Imperial Connections: India and the Indian Ocean Arena, 1860-1920* (Berkeley: University of California Press, 2008); Tim Harper and Sunil Amrith, "Sites of Asian Interaction: An Introduction," *Modern Asian Studies* 2 (2012): 249-257; Helen Siu, Eric Tagliacozzo, and Peter Perdue, "Introduction: Spatial Assemblages," in Eric Tagliacozzo, Helen Siu, Peter Perdue eds., *Asia Inside Out: Connected Places* (Cambridge MA: Harvard University Press, 2015), 1-30.

港口密集的人员流动是细菌和病毒的放大器；另一方面，国家将港口作为其防疫机制前线的结果就是以"联通"为标志的港口却成为某些群体无法流动的牢笼。①

港口：交通节点与堡垒

上述所谓的这种"联通"中的"不联通"构成了本章的主要论点。在过去一个多世纪的时间中，科伦坡港与其他印度洋上的港口一样，被当作西方殖民帝国的交通节点来看待和研究。本章指出，科伦坡港所谓的"交通节点"的特质是在19世纪末20世纪初英帝国建立全球经济霸权的过程中被塑造出来的。同时，在将科伦坡港从一个想象中的"交通节点"建设成为英帝国精英服务的"交通节点"的过程中，许多在地基层群体则被边缘化了。

科伦坡位于斯里兰卡岛的西南部。历史上多次出

---

① 谢尔顿·沃茨（Sheldon Watts）和麦克·洛（Michael Low）对于近现代印度洋港口的防疫机制都有精彩的论述，参见 Sheldon Watts, "From Rapid Change to Stasis: Official Responses to Cholera in British-Ruled India and Egypt, 1860 to 1921," *Journal of World History* 2 (2001): 321-374; Michael Low, *Imperial Mecca: Ottoman Arabia and the Indian Ocean Hajj* (New York: Columbia University Press, 2020)。

现在梵文、希腊文、波斯文、拉丁文、阿拉伯文以及中文的文献记载中。在西方航海大发现之前,科伦坡就由于其优良的地理位置而被认为是连接东西方贸易的重要港口。① 16 世纪初葡萄牙人来到斯里兰卡,并开始在岛的西海岸建立贸易站点。由于当时主要的对外贸易是在科伦坡南部的加勒(Galle)进行的,葡萄牙人将科伦坡建设成为一个具有军事和行政功能的堡垒而非贸易港口。② 1656 年荷兰人击败了葡萄牙人并占领了科伦坡。在荷兰东印度公司统治时期,科伦坡仍然延续了葡萄牙时代的功能,被视为斯里兰卡西海岸的防守战略要地,而贸易活动则仍然是在加

---

① 关于斯里兰卡在古代世界贸易网络中的地位,可参见 Joseph Perera, "The Ports of Ancient Ceylon," *Annals of the Bhandarkar Oriental Research Institute* (1950): 287-291; Martha Chaiklin, "Ivory in Early Modern Ceylon: A Case Study in What Documents Don't Reveal," *International Journal of Asian Studies* 1 (2009): 37-63; Eleanor Kingwell-Banham, Wijerathne Bohingamuwa, Nimal Perera, Gamini Adikari, Alison Crowther, Dorian Fuller and Nicole Boivin, "Spice and Rice: Pepper, Cloves and Everyday Cereal Foods at the Ancient Port of Mantai, Sri Lanka," *Antiquity* 366 (2018): 1552-1570; M. Cobb, *Rome and the Indian Ocean Trade from Augustus to the Early Third Century CE* (Leiden: Brill, 2018)。
② 关于葡萄牙人在斯里兰卡的贸易和殖民活动,参见 Alan Strathern, *Kingship and Conversion in Sixteenth-century Sri Lanka: Portuguese Imperialism in a Buddhist Land* (Cambridge: Cambridge University Press, 2007)。

勒进行。① 18世纪末，荷兰本土被拿破仑治下的法国占领，英国开始接管荷兰在亚洲的殖民地以免其落入敌手。1796年英国军队占领了科伦坡，并在1815年将其设为了英帝国直属的锡兰殖民地的首府。

在一些英国政府委派的殖民官员看来，锡兰是与东印度公司统治下的印度截然不同的。在19世纪初，许多英国政治和文化精英都认为东印度公司是贪婪和堕落的象征。东印度公司的股东和商人经常被描述为视财如命且不遵法纪的暴发户，东印度公司的官员在印度被东方专制与奢侈的习俗所同化，而印度则在这些人的压迫下成为黑暗、愚昧、落后的人间炼狱。② 相反，与印度次大陆隔海相望的锡兰被英国殖民官员想象成为一个与印度完全不同的、与世隔绝的伊甸园。这个海岛上的族群、文化、环境不仅被认为是与印度

---

① 有关荷兰人在斯里兰卡的贸易和殖民活动，参见 Sinnappah Arasaratnam, *Ceylon and the Dutch, 1600-1800: External Influences and Internal Change in Early Modern Sri Lanka* (Aldershot: Variorum, 1996); Alicia Schrikker, *Dutch and British Colonial Intervention in Sri Lanka, 1780-1815: Expansion and Reform* (Leiden: Brill, 2007)。

② 有关英国本土精英对于东印度公司的负面想象，参见 William Darymple, *White Mughals: Love and Betrayal in Eighteenth-Century India* (London: Penguin, 2004)。

迥异的，更被认为是比印度优越的。① 在这种想象的驱使下，锡兰的殖民官员开始有意识地将其与印度区隔与分离。一方面，本土身份和文化认同被逐渐确立和增强（僧伽罗人被确认为是锡兰的土著族群，佛教被认为是锡兰的本土宗教）；另一方面，来自印度的移民（大多数来自南印度泰米尔纳德）则被限制，并被标识为外来者。② 此外，锡兰政府也开始严格地对从印度输入商品征收关税，并禁止印度船只在没有得到其允许的情况下在锡兰海岸航行。③ 到了 1820 年，锡兰在政治组织、经济结构、族群政策等方面已经完全与印度脱钩，因此开启了独立的国家建构进程。

19 世纪以前的大多数时间，锡兰与印度一直保持着密切的经贸联系，印度的商人和船只是锡兰各港口的主要接待对象。④ 英帝国在锡兰的直接殖民统治开

---

① Sujit Sivasundaram, *Islanded: Britain, Sri Lanka and the Bounds of an Indian Ocean Colony* (Chicago: University of Chicago Press, 2013), 71-73.

② John Rogers, "Early British Rule and Social Classification in Lanka," *Modern Asian Studies* 38 (2004): 625-647.

③ Sujit Sivasundaram, *Islanded: Britain, Sri Lanka and the Bounds of an Indian Ocean Colony* (Chicago: University of Chicago Press, 2013), 75.

④ K. N. Chaudhuri, *Asia Before Europe: Economy and Civilisation of the Indian Ocean from the Rise of Islam to 1750* (New York: Cambridge University Press, 1991), 41.

启了锡兰在经济上与印度的脱钩进程。同时,殖民官员试图将锡兰重置在一个更广阔的英帝国贸易网络之中。在这个网络中,锡兰的贸易对象不再仅仅是印度,而是帝国的其他直辖殖民地(包括亚丁、新加坡、澳大利亚、毛里求斯等)以及英国本土。①

随着19世纪中叶苏伊士运河的建成,中国市场在鸦片战争之后被打开以及东印度公司在东方贸易垄断权的丧失,"联系""网络""流动"等概念越来越多地出现在当时英国学术界的讨论之中。英国地理学家和地缘政治学者麦金德(Halford Mackinder)是当时倡导上述概念的代表性人物。② 在麦金德看来,"流动"对于英帝国的繁荣来说至关重要。英国作为一个岛国,其本身在地理上是与外界隔绝的。然而又因为被海洋环绕,因此以海洋为通道的全球商品和人员流动成为英帝国成功的基石。不仅如此,人类本身的进步与发展也取决于人口、商品、思想等元素是否能够自由流动。从这个角度来看,麦金德将"流动"与"文明"

---

① Sujit Sivasundaram, *Islanded: Britain, Sri Lanka and the Bounds of an Indian Ocean Colony* (Chicago: University of Chicago Press, 2013), 78.
② 有关麦金德的事迹和思想,参见 W. H. Parker, *Mackinder: Geography as an Aid to Statecraft* (Oxford: Clarendon Press, 1982); Brian Blouet, *Halford Mackinder: A Biography* (College Station: Texas A&M University Press, 1987)。

"进步""发展"等概念等同了起来。要保证人类的进步发展,就需要保证流动的畅通无阻,要保证自由流动的进行,则需要确认流动过程中扮演重要作用的交通节点,并在这些交通节点建设相应的基础设施(铁路、公路、港口、仓库等)。

锡兰:全球流动的支点

麦金德的观点在锡兰得到了共鸣。在成为直辖殖民地并与印度彻底切割之后,在锡兰工作和生活的英国人开始相信锡兰不仅是与印度完全不同的,而且在很多方面是与英国本土相似的——两者都是邻近大陆的岛屿;两者都有着与大陆不同的文化;锡兰中部的山区甚至有着与英国相似的气候。如果说英国是英帝国全球网络的中心,那么条件与之相似的锡兰也应当有潜力成为这个网络中的重要节点。① 这种对于锡兰的想象也正好契合了锡兰殖民官员对于这个殖民地的新定位——锡兰应当可以在英帝国所依赖和推动的全球流动中扮演着支点的作用。进一步来说,殖民官员

---

① Sujit Sivasundaram, *Islanded: Britain, Sri Lanka and the Bounds of an Indian Ocean Colony* (Chicago: University of Chicago Press, 2013), 72-73.

第三章 帝国主义话语下的科伦坡港

锡兰中部茶叶种植园，1885年，Lankapura Collection，IMG332

认为以往对接印度的港口基建已经不再适应这个殖民地的新定位，被重置在英帝国殖民网络中并将要扮演重要节点功能的锡兰需要一个符合其新定位的国际港口。有趣的是，在地理条件上并不适合停泊现代大型船舶的科伦坡却被殖民当局确定为这个新型国际港口的所在地。①

对于居住在锡兰首府科伦坡的殖民地精英们来说，

---

① 关于科伦坡港的选址过程，可参见 K. Dharmasena, *The Port of Colombo, 1860-1939* (Colombo: Lake House Printers, 1980)。

将科伦坡建设为一个国际港口有着三层重要的意义：首先，作为殖民地首府，拥有现代化基建的科伦坡将会是一种视觉宣示，用以向其他殖民地（尤其是印度）以及锡兰土著展现殖民当局的功绩；其次，拥有国际港口的科伦坡的土地投资价值将会极大提升，这会让坐拥大片当地土地的投资者获益；再次，19世纪下半叶锡兰中部山区的茶叶种植园逐渐兴起，在科伦坡—康提（Kandy）铁路建成通车后（1867年通车），科伦坡港的建设更加有利于茶叶的出口。① 在19世纪末至20世纪初的几十年中，科伦坡港开启了大规模的现代化改造。1885年，当局在港口西南角建起了一段防波堤。1890年代，当局开始挖深港口并建设了新的码头。起重机、仓库、物流管理中心等现代港口基建也陆续出现在科伦坡港。20世纪初，当局又修建了东北和西北两段防波堤。② 到了1910年，科伦坡港成为仅次于纽约、伦敦、安特卫普、汉堡、香港和鹿特丹的世界第七繁忙的港口。③

---

① Sujit Sivasundaram, "Towards a Critical History of Connection: The Port of Colombo, the Geographical 'Circuit', and the Visual Politics of New Imperialism, ca. 1880-1914," *Comparative Studies in Society and History* 2 (2017): 359.
② 同上书，第348—349页。
③ K. Dharmasena, "Colombo: Gateway and Oceanic Hub of Shipping," in Frank Broeze, *Brides of the Sea: Port Cities of Asia from the 16th-20th Centuries* (Kensington: New South Wales University Press, 1989), 152-172.

科伦坡港,19世纪末,Lankapura Collection, IMG524

连接科伦坡港与锡兰内地的铁路,1910年,Lankapura Collection, IMG56

科伦坡港的防波堤，20世纪初，Lankapura Collection，IMG558

剑桥大学历史学家苏吉特·西瓦松达兰（Sujit Sivasundaram）发现19世纪末20世纪初有关科伦坡港的图像材料（照片、明信片、绘画等）几乎都包含着以下这些元素——绵长的防波堤、远方星星点点的轮船、负责摆渡游客的小船、装卸货物的苦力、港口的起重机与灯塔、以及港口岸边的各种交通工具。西瓦松达兰认为这些元素都或多或少地在传递着同一个主题——"联系"。几乎所有这些图像材料都是摄影师或画家按照殖民地精英客户的要求所定制的，因此也反映了当时殖民地精英的视角。在这个视角中，科伦坡港已然成为英帝国的一个交通节点。港内的船只、基建和人群是这个交通节点成功运转的证明，而港口繁忙的画面则暗示着"交通节点"为当地带去了进步与文明。所有的这一切成就则应当归功于殖民当局所倡导的"联系"与"流动"的理念。①

流放之地

从殖民地官员、种植园主以及地产投资商的角度来看,科伦坡确实是一个"交通节点"。在科伦坡发生的"联系"与"流动"也确实在为他们的利益服务。然而这个为殖民地精英以及英帝国殖民网络服务的"交通节点"却同时也在"疏离"和"压迫"另一些群体。长久以来主宰了我们对于科伦坡港想象的帝国主义话语掩盖了那些被"联系"和"流动"所边缘化的人群的声音。

达马瑟那(K. Dharmasena)在梳理科伦坡港的建设经过时指出,该港口的早期建设主要依赖于囚犯劳工。在 1874 年,共有十三万余名囚犯参加了科伦坡港的建设。到了 1879 年,参加港口建设的囚犯仍然有约

---

① Sujit Sivasundaram, "Towards a Critical History of Connection: The Port of Colombo, the Geographical 'Circuit', and the Visual Politics of New Imperialism, ca. 1880-1914," *Comparative Studies in Society and History* 2 (2017): 351-352.

十万人。由于成本低廉(囚犯劳动的薪水仅有一般工人的一半),港口建设承包商非常乐于使用这些囚犯。负责管理囚犯的监狱可以获得囚犯劳动所得的绝大部分报酬,而囚犯们则成为免费劳动力。[1] 达马瑟那没有在其书中提及的是,建设科伦坡港的这些囚犯其实大多数来自印度。

从18世纪末到19世纪,数以百万计的印度囚犯被送往英帝国在印度洋上的流放地(Penal Colony)。[2] 当锡兰在19世纪初成为英帝国直辖殖民地后,它也被列为流放地之一,并在随后近一个世纪的时间里吸纳了数十万的印度囚犯。绝大多数被流放的囚犯都被殖民当局判下了重罪(例如谋杀、抢劫、叛乱等罪)。殖民当局视这些人为印度安全的重大隐患,必须将其

---

[1] K. Dharmasena, *The Port of Colombo, 1860-1939* (Colombo: Lake House Printers, 1980), 23-43.

[2] 对于英帝国在印度洋上的流放地的研究,可参见 Clare Anderson, *Convicts in the Indian Ocean: Transportation from South Asia to Mauritius, 1815-1853* (London: Palgrave Macmillan, 2000); Satadru Sen, *Disciplining Punishment: Colonialism and Convict Society in the Adaman Islands* (New Delhi: Oxford University Press, 2000); Anand Yang, "Indian Convict Workers in Southeast Asia in the Late Nineteenth and Eearly Nineteenth Centuries," *Journal of World History* 14 (2003): 179-208; Anoma Pieris, *Hidden Hands and Divided Landscapes: A Penal History of Singapore's Plural Society* (Honolulu: University of Hawaii Press, 2009); Clare Anderson ed., *A Global History of Convicts and Penal Colonies* (London: Bloomsbury, 2018).

从印度土地上清除。杨雅南（Anand Yang）认为英帝国殖民官员在思考如何处置这些印度囚犯时主要有三个方面的考量：首先，因为大多数囚犯都是印度教徒，而印度教徒对于出海有着宗教上的禁忌——在印度教中，海洋被称作黑水，任何进入黑水的印度教徒都会失去其种姓，所以将这些重刑犯流放到海外对于潜在罪犯来说是一种威慑；其次，对于标榜将"文明"和"进步"带到了印度的英国殖民者来说，不对罪犯施用肉刑而是将其流放更能彰显出殖民政府在道德上的优越感；再次，绝大多数的流放地都是未开发且人口稀少的热带岛屿，印度流放来的囚犯为各地殖民地政府进行基础设施建设和农业开发提供了近乎免费的劳动力。①

当锡兰殖民当局在19世纪中叶决定修建现代化的科伦坡港时，印度囚犯劳工立刻进入了他们的视野。在之后的几十年中，数十万的囚犯被从印度引渡到锡兰从事港口建造工作。从殖民地政府的角度来说，建造港口对于这些囚犯既是一种身体上的惩罚也是精神上的规训。通过积年累月的强制性劳动、固定的作息时间、集体性的生活体验以及程式化的奖惩规则（多

---

① Anand Yang, *Empire of Convicts: Indian Penal Labor in Colonial Southeast Asia* (Berkeley: University of California Press, 2021), 2-4.

在新加坡工作的印度囚犯劳工,1900 年,National Heritage Board, 959.57 Liu-[HIS]

数流放囚犯被默认为终生服刑,但他们可以通过积攒劳动积分来获得减刑直至被释放),殖民当局相信他们能够将这些无恶不作的罪犯转变为顺从且有生产力的社会资源。① 颇具讽刺意味的是,在殖民者看来象征着"联系""流动""繁荣"的科伦坡港,实际上是建立在其建造者被"规训""禁锢""剥削"基础之上的。

---

① Anand Yang, *Empire of Convicts: Indian Penal Labor in Colonial Southeast Asia* (Berkeley: University of California Press, 2021), 3.

19世纪末,囚犯劳工制度被终止,取而代之的则是契约劳工制度(Indentured Labor)。印度农村劳动力与中介公司签订固定年限的劳动契约,被送往世界各地的矿场或种植园工作。当时锡兰的茶叶种植园也雇用了大量的印度契约劳工,而科伦坡港则是他们来到锡兰的第一站。① 由于鼠疫和疟疾等传染病在当时的南亚非常流行,锡兰殖民当局将来自印度的契约劳工都视为潜在的病毒载体,因此在科伦坡港设置了专门的防疫隔离区用来对到岸的劳工进行健康检查与隔离。② 科伦坡港对于这些刚刚到岸的印度劳工来说并不是一个"交通节点",而是被搜身、检查、隔离并失去自由的场所。

对于世代居住在科伦坡海边的锡兰土著渔民来说,

---

① 有关锡兰的印度契约劳工的研究,可参见 Patrick Peebles, *The Plantation Tamils of Ceylon* (London: Leicester University Press, 2001); Roland Wenzlhuemer, "Indian Labour Immigration and British Labour Policy in Nineteenth-Century Ceylon," *Modern Asian Studies* 3 (2007): 575-602。

② Sujit Sivasundaram, "Towards a Critical History of Connection: The Port of Colombo, the Geographical 'Circuit', and the Visual Politics of New Imperialism, ca. 1880-1914," *Comparative Studies in Society and History* 2 (2017): 378. Adam McKeown 系统分析了近现代西方国家是如何以防疫为理由对亚洲移民进行监控、歧视和规训的,参见 Adam McKeown, *Melancholy Order: Asian Migration and the Globalization of Borders* (New York: Columbia University Press, 2011)。

现代化的港口基建不仅没有将他们与现代世界拉近,反而直接损害了他们的利益。当科伦坡港在19世纪末被建成时,殖民当局发现港口内的土著渔船不仅影响了轮船的正常航行,还与殖民者所试图呈现的现代化港口格格不入。这些渔船的简陋以及渔民们"不文明"的举止是殖民当局不想要展现给访客的。在没有充分咨询这些渔民并得到他们同意的情况下,殖民当局禁止渔船进入港口区,并将他们的渔村也整体搬迁至远离港口的地点。当科伦坡港的"联系"与"流

科伦坡港周边,19世纪末,Lankapura Collection,IMG 427

动"在服务于资本和帝国时,许多无法为自己发声的底层群体却在承受着"联系"与"流动"的成本。

柏林自由大学历史学家瓦雷斯卡·胡贝尔(Valeska Huber)在其研究中认为苏伊士运河并没有创造出自由流动,而是在为相关利益方管控流动。① 与苏伊士运河的例子相似,19世纪末20世纪初科伦坡港的"流动"与"联系"一方面服务着全球资本精英,另一方面又在为殖民统治提供合法性话语。本章的内容除了试图解构这一套帝国主义话语之外,也尝试将那些没有被联系的边缘化的个体的声音挖掘出来。在本章中,我并不是要否认科伦坡港的"交通节点"定位,而是在试图勾勒出这个"交通节点"背后的话语结构。在帝国主义话语中,科伦坡港只有在服务于英帝国殖民当局以及跨国资本的利益时,其"流动"和"联系"的属性才被承认。这些情境性(situational)的属性却无法被用来描述那些为了殖民者和资本的"流动"与"联系"而被抛弃和剥削的行为体的经历。

---

① Valeska Huber, *Channeling Mobilities: Migration and Globalisation in the Suez Canal Region and Beyond, 1869-1914* (Cambridge: Cambridge University Press, 2013).

在荷属东印度，缝纫机更多是一种展示品，用来标示使用者、拥有者的社会身份、性别以及族群的阶序特征。

第四章
荷属东印度的缝纫机

第四章　荷属东印度的缝纫机

缝纫机在19世纪末被引入荷属东印度群岛（即今天的印度尼西亚）。在殖民地精英的想象中，缝纫机作为现代技术一方面能够帮助印尼女性挣脱家庭的束缚，成为有自主谋生能力的劳动者；另一方面缝纫机也可以提高纺织业的劳动效率，节省劳动力和成本。然而，这种被赋予了现代、进步、效率内涵的技术工具却在印尼成为富裕家庭的摆设和装饰品，被用来标示身份和地位。本章将展示殖民地精英对于现代技术的认知与技术在殖民地实际应用之间存在着的巨大偏差，以及这种偏差所反映的19世纪末20世纪初荷属东印度社会内部的张力。

争夺亚洲贸易航线

17世纪上半叶，荷兰东印度公司与葡萄牙王国为争夺亚洲的贸易航线爆发了一系列的冲突。荷兰人最终打败了葡萄牙人，并控制了苏拉特、马六甲、科伦坡等重要贸易据点，由此开启了荷兰在亚洲贸易的黄金时代。① 位于印度尼西亚爪哇岛东北部的巴达维亚，则是荷兰东印度公司亚洲贸易网络的中心。到了18世纪，荷兰东印度公司在与英国东印度公司的竞争中渐落下风，最终于1799年宣布解散。相应地，荷兰人在亚洲的活动也逐渐从贸易活动变为依靠攫取印尼的自然资源和剥削印尼土著获利。这一时期的巴达维亚则从一个贸易中心转变为了荷兰向爪哇内陆和印尼其他岛屿扩张的桥头堡以及进行殖民统治的行政中心。自19世纪开始，印度尼西亚由荷兰殖民部直接管理。荷兰人通过干预地方土著王国的内政、挑拨不同王国之间的关系、委任土著苏丹间接统治、对反抗者进行军事征服和镇压等方式试图不断巩固其在印尼的殖民统治。②康奈尔大学历史学家埃里克·塔格里亚科佐（Eric Tagliacozzo）认为，荷兰对于整个印度尼西亚的殖民征服由于受到技术和经济能力方面的限制以及亚洲跨境族群的抵制直到20世纪初都没有完全成功。③

---

① 目前有关荷兰东印度公司在亚洲扩张与殖民的最新著作可参见 Pieter Emmer and Jos Gommans, *The Dutch Overseas Empire, 1600-1800* (New York: Cambridge University Press, 2020)。
② 有关19世纪荷兰在东印度殖民统治的转型，可参见 Albert Schrauwers, *Merchant Kings: Corporate Governmentality in the Dutch Colonial Empire, 1815-1870* (Oxford: Berghahn Books, 2021)。
③ Eric Tagliacozzo, *Secret Trades, Porous Borders: Smuggling and States Along a Southeast Asian Frontier, 1865-1915* (New Haven: Yale University Press, 2005).

随着太平洋战争的爆发,印度尼西亚被日本占领。日本在其统治期间大力培养和武装印尼民族主义势力,使得独立建国运动在印尼社会成为主流民意。"二战"结束后,意图返回印尼重建殖民统治的荷兰军队与印尼民族主义者爆发了长达四年的战争。在遭受了重大损失之后,荷兰人在1949年被迫承认印尼的独立。

走向现代国家

在20世纪60年代之前,学术界在研究荷属东印度的历史时,倾向于将研究对象简单二分为荷兰殖民统治阶层与印尼土著。绝大多数研究关注的是荷兰殖民官员的个人经历、殖民政府的政策与制度变迁以及荷兰东印度公司商人的事业。在这些研究中,印尼土著以没有主体性的形象出现在背景中。荷兰学者范卢尔(J. C. van Leur)在1930年代就注意到了荷属东印度历史书写中存在的这种欧洲中心观。他认为荷属东印度的历史学家们是以双重视角在书写印尼历史——在书写荷兰人来到印尼之前的历史时,他们采用的是本地视角;但当书写荷属东印度历史时,他们就自然而然地放弃了本地视角,而代之以荷兰殖民官员的视角。[①]范

---

① J. C. van Leur, *Indonesian Trade and Society: Essays in Asian Social and Economic History* (Hague: van Hoeve, 1955).

卢尔的批评在当时并未引起关注。直到1960年代约翰·斯迈尔（John Smail）才对范卢尔的观点做了呼应。斯迈尔以夜间小道行车做比喻，认为受欧洲中心观影响的历史学家在研究荷属东印度历史时就如同开夜车时只看着车灯照亮的那部分道路。那些没有被车灯照亮的景色正犹如那些非殖民地精英们的历史一样，都遗失了。① 范卢尔和斯迈尔都强调要跳出将荷兰殖民精英放在叙事和观察中心的欧洲中心史观，从当地土著的角度去尝试给出不一样的历史叙事。

表面看来，范卢尔和斯迈尔要求超越欧洲中心史观的呼吁是与赛义德对"东方主义"的批判相呼应的。然而简·泰勒（Jean Taylor）敏锐发现将赛义德的理论引入荷属东印度历史研究中来可能不仅不会为印尼土著带去更多关注，反而会将学者们的注意力重新拉回到西方。赛义德在其《东方主义》一书中认为西方想象和构建了一个停滞和落后的"东方"，并通过这种想象来强化其殖民扩张的合法性。② 对于泰勒来说，赛义德仅仅是解构了西方对于他者的建构与异化，却没有告诉我们如何去更加全面地了解非西方世

---

① John Smail, "On the Possibility of an Autonomous History of Modern Southeast Asia," *Journal of Southeast Asian History* 2 (1961): 72-102.

② Edward Said, *Orientalism* (London: Vintage, 1979).

界。赛义德所采用的方法在学术界受到推崇直接导致越来越多的学者更加关注西方殖民精英的经验和话语,而对非精英和非西方群体的研究则在这一浪潮中进一步被弱化了。①

简·泰勒于 1983 年出版的《巴达维亚的社会世界》(*The Social World of Batavia: Europeans and Eurasians in Colonial Indonesia*) 一书实践了范卢尔和斯迈尔倡导研究印尼当地社会的主张。泰勒认为巴达维亚的社会结构并不能被简单二分为荷兰殖民统治者和被压迫剥削的印尼土著。17 世纪之后来到印尼的西方殖民者是一个相当复杂的群体。他们不仅仅只是荷兰人,还包括了英国人、法国人、德国人等许多欧洲其他国家的族群。这些西方人大多数也并不是什么殖民统治者,而是商人、士兵、工程师、科学家、探险家、无业游民等。同理,所谓的印尼"土著"也包括了印度人、华人、日本人、阿拉伯人等来自亚洲各地的移民。泰勒认为这些族群之间的长期交融使得巴达维亚的社会结构和文化既不是对荷兰本土的单纯复制,也与印尼本土不同。② 巴达维亚多元文化社会的一个重要特

---

① Jean Taylor, *The Social World of Batavia: Europeans and Eurasians in Colonial Indonesia, the Second Edition* (Madison: University of Wisconsin Press, 2009), xx.

② Ibid., xxvii.

征就是西方男性与欧亚混血女性的通婚。由于在19世纪前极少有欧洲女性来到印尼,因此定居在巴达维亚的欧洲男性选择与当地权势家族的女性通婚。在这种婚姻中出生的混血女性被认为具有两种资源——一方面她具有白人的血统;另一方面她又拥有当地权势家族的资源——所以她们成为新来到印尼的荷兰殖民官员的理想婚姻对象。① 通过研究这种由荷兰男性与欧亚混血女性组成的家庭社会网络及其在巴达维亚强大的政治经济影响力,泰勒展示了分析殖民地时期印尼社会文化的新范式。

到了19世纪,现代化技术和设备逐渐出现在印尼,并带动了当地多元社会的深刻变革。密歇根大学历史学家鲁道夫·姆拉泽克(Rudolf Mrazek)发现在19世纪末20世纪初,线性发展观念开始渗透到印尼社会的方方面面。当时印尼社会的各个阶层都对现代技术抱持着乐观的态度,认为使用诸如铁路、蒸汽船、光学仪器、电话等技术可以帮助印尼走出愚昧落后迷信的黑暗时代,使之发展为一个现代国家。在这个现代印尼国家中,欧洲人与印尼土著能够快乐和富足地

---

① 对于荷兰殖民时期印尼混血族群的研究,可参见 Ulbe Bosma and Remco Raben (authors), Wendie Shaffer (trans.), *Being "Dutch" in the Indies: A History of Creolisatin and Empire, 1500-1920* (Singapore: NUS Press, 2008)。

共同生活。然而姆拉泽克指出,人们对于技术和现代性的痴迷与期待并没有弥合印尼社会内部的差异,反而加速了印尼多元社会的瓦解,并加深了荷兰人与印尼人、权贵与平民之间的隔阂。到了荷兰殖民统治末期(1940年代),现代技术已然成了为荷兰和印尼权贵们服务,巩固其既得利益以及为其控制和剥削基层社会的工具。[1] 如果说泰勒向读者展示了近现代印尼多元社会的兴起及其主要特征,那么姆拉泽克则描绘了这个多元社会在现代性的影响下是如何异化和分化的。姆拉泽克在泰勒研究视角上所作的进一步探索和创新标志了荷属东印度史研究的转向。学者们不再满足于讨论印尼社会内部的性别、家庭、族群等议题,而是试图将现代性对于印尼多元社会的影响与殖民主义和民族主义的复杂互动联系起来。本章借鉴了姆拉泽克的研究视角,尝试以缝纫机这一现代技术工具为例,揭示印尼多元社会在与现代性遭遇后发生的阶层与族群的异化。

缝纫机:身份地位的标识

缝纫机可能是近代以来最早被规模化生产并在世

---

[1] Rudolf Mrazek, *Engineers of Happy Land: Technology and Nationalism in a Colony* (Princeton: Princeton University Press, 2002).

界范围内销售的工业消费品。① 在缝纫机的全球扩张进程中,美国的胜家缝纫机公司(Singer Sewing Co.)扮演了至关重要的角色。据统计,1912 年美国家庭使用的缝纫机中有 60% 都是由胜家生产的,而在世界其他地区,胜家的市场占有率达到了惊人的 90%。② 胜家公司由美国发明家艾萨克·辛格(Issac Singer)和律师爱德华·克拉克(Edward Clark)成立于 1851 年,专门生产和销售家用缝纫机。到了 1860 年代,胜家公司开始在英国设厂,并开启了海外市场的扩张。安德鲁·古德里(Andrew Godley)发现胜家公司占领海外市场的主要策略是其直销体系和售后服务。胜家将其英国市场划分为若干固定区域,每个区域都设有销售点。销售点的专职销售经理定期挨家挨户地咨询顾客需求。对于购买了胜家缝纫机的顾客,工人则会提供每周的上门维护服务。这种销售方式获得了巨大的成功。1875 年胜家在英国卖出了 3 万台缝纫机,10 年之后达到了 9 万台。③ 到了"一战"前,大概 47% 的英

---

① 有关缝纫机的规模化制造和全球传播,参见 Andrew Godley, "The Global Diffusion of the Sewing Machine, 1850-1914," *Research in Economic History* 20 (2001): 1-46。
② Robert Davies, *Peacefully Working to Conquer the World: Singer Sewing Machines in Foreign Markets, 1854-1920* (New York: Arno Press, 1976), 161.
③ Ibid., 86.

国家庭拥有胜家生产的缝纫机。①

　　胜家公司在 19 世纪末开始将这种业已在英国取得了成功的直销模式推广至欧洲大陆，并迅速占领了德国、中欧以及俄国的市场。到 20 世纪初，差不多 15%～20% 的德国、奥匈帝国和俄国家庭都购买了胜家缝纫机。② 与此同时，胜家公司也将注意力转向非西方世界。由于家庭缝纫机对于基础设施的依赖度较低（不需要电力或天然气），而大多数基础设施不完善的非西方地区又有着需求不断增长的中产阶层，因此胜家公司认为诸如非洲、奥斯曼帝国、东南亚等地将是其产品的潜在市场。在向亚洲和非洲客户推销其缝纫机的广告中，胜家公司将其缝纫机称为"文明的先导"。这句极具"东方主义"偏见的广告具有双重意涵：一方面，去往亚洲和非洲的西方人需要带着缝纫机同行。因为亚非地区充斥着不文明的野蛮穿着，因此在彼处的西方人需要缝纫机缝制的现代衣物来彰显自身的文明与进步。另一方面，亚非当地的土著因为贫穷野蛮落后而往往衣不遮体。这些土著需要通过

---

① Andrew Godley, "Selling the Sewing Machine Around the World: Singer's International Marketing Strategies, 1850-1920," *Enterprise & Society* 2 (2006): 277-278.
② Ibid., 278.

胜家缝纫机销售橱窗,1910 年,Museum of the City of New York

购买和使用缝纫机来学习文明的穿着和礼仪,从而帮助其社会进入文明的阶段。①

缝纫机最迟在 1880 年就已经出现在了荷属东印度。泰勒从荷兰皇家东南亚和加勒比研究所(Royal Netherlands Institute of Southeast Asian and Caribbean Studies)收藏的 19 世纪末 20 世纪初荷属东印度家庭

---

① Ruth Brandon, *A Capitalist Romance: Singer and the Sewing Machine* (Philadelphia: J. B. Lippincott, 1977), 140.

第四章　荷属东印度的缝纫机

日常照片中分析了缝纫机在当地所特有的社会内涵。她认为缝纫机在荷属东印度所呈现出的社会属性要远远大于其功能属性。在西方世界，家用缝纫机往往是与其缝纫衣物的功能直接相关的，然而在荷属东印度，缝纫机却更多的是一种展示品，用来标示使用者、拥有者的社会身份、性别以及族群的阶序特征。①

自照相技术被引入印尼之后，印尼权贵和中产阶层都对其趋之若鹜。一般中产阶层会去照相馆拍照，其背景道具则是照相馆所提供的家具、花瓶和其他装饰品。② 富有阶层的家庭则会选择雇用专业摄像师到自己家中来定制化拍摄。一般而言，家中拍摄的首选场景是在屋前的花园或者草坪，主题则大都是男女主人与其子女以及亲朋好友的聚会。③ 到了 20 世纪初，摄影师逐渐被邀请到富有家庭的屋内进行拍照。在室内场景的照片中，屋主更愿意让其家中的家具和装饰品，如稀有的木质家具、时尚的吊灯、具有当地特色

---

① Jean Taylor, "The Sewing-Machine in Colonial-Era Photographs: A record from Dutch Indonesia," *Modern Asian Studies* 1 (2012): 73.
② Susie Protschky, "Tea Cups, Cameras and Family Life: Picturing Domesticity in Elite European and Javanese Family Photographs from the Netherlands Indies, ca. 1900-42," *History of Photography* 1 (2012): 44-65.
③ Jean Taylor, "The Sewing-Machine in Colonial-Era Photographs: A record from Dutch Indonesia," *Modern Asian Studies* 1 (2012): 75.

的艺术品等进入画面,以显示自己家庭的富足和现代。在绝大多数有关女主人房间的照片中,缝纫机都被放在了显眼的位置。在这类照片中,女主人(一般是欧洲或者欧亚混血女性)会以放松的姿势坐在木质摇椅上,身边的桌上则放置着书籍、花瓶以及从欧洲进口的厨房用具。桌子旁的地下则坐着家中的仆人(几乎都是印尼土著女性)。而仆人身前则放置着缝纫机。[1]对于19世纪末20世纪初的东印度家庭来说,聘请照相师来家中拍出的照片主要用于展示目的,比如寄给荷兰的亲朋或者放置在家中显眼位置,因此出现在照片中的物件是屋主人精心挑选出来以用于呈现其身份地位和智识品味的。在当时印尼富裕家庭照片中频繁出现的缝纫机、时尚吊灯和进口厨房用具等现代物件表明这些家庭希望通过上述物件被外界视作是"现代"和"文明"的。围坐在缝纫机旁的印尼女性仆人则表明了家庭成员的地位与分工——操作缝纫机的体力劳动需要由地位较低的土著来完成,而女主人则是负责监督仆人的劳动并享受仆人劳动的果实。

象征着"现代"与"文明"并因此而被用来展示的缝纫机却交由"未开化"的土著女仆操作,这种看似自相矛盾的安排显示了现代技术在殖民地社会的微

---

[1] Jean Taylor, "The Sewing-Machine in Colonial-Era Photographs: A record from Dutch Indonesia," *Modern Asian Studies* 1 (2012): 76.

印尼混血女性与她的仆人,KITLV 32970

荷兰殖民者家庭内饰照片,1912 年,KITLV Or. 27.005-30

妙处境。对于缝纫机的发明者来说，这种机械装置是用来帮助提高缝织效率以及减少劳动力成本的。然而在 19 世纪末 20 世纪初的印尼，当地的劳动力既充沛也廉价，富裕人家几乎都雇用有四至六个仆人打理家务，因此也就并不存在用相对昂贵的技术产品替代人工劳动的条件。实际上，缝纫机在印尼富裕家庭中的主要功能并非节省劳动力成本或者提高缝纫效率，而是与当时荷兰社会对女性的期待以及中产家庭女性想要展现自身地位的诉求息息相关的。

巴达维亚富有家庭的仆人，1879 年，The Metropolitan Museum of Art

第四章 荷属东印度的缝纫机

在 19 世纪末的荷兰，专门针对女性读者的时尚杂志非常热销。艾尔斯贝斯·舒尔腾（Elsbeth Locher-Scholten）发现当时荷兰时尚杂志的主题之一就是强调使用缝纫机进行缝纫和针织对于提升女性魅力的重要性。一些杂志还开辟了专栏介绍各种服装裁剪教程和模板。对于那些打算去印尼生活的荷兰女性，设在海牙的荷兰殖民地女校（The Colonial School for Women and Girls）甚至专门开设缝纫课程，以便使她们能够在印尼监督和指导土著仆人进行缝纫工作。[①] 这种将缝纫机和缝纫技术与现代女性形象联系在一起的宣传促进了缝纫机在印尼的热销。而当那些来到印尼定居的荷兰女性购买了缝纫机之后，她们又热衷于将这种技术通过照片展示给自己的亲朋好友以炫耀其在殖民地所享受的特权生活（一方面，她们可以与荷兰母国的女性一样拥有现代技术；另一方面，她们还享受众多仆人的服务而不用亲自动手去操作这些技术设备）。[②] 这些照片之后又被寄回荷兰，并进一步加强了社会对于女性使用缝纫机的想象和期待。

[①] Elsbeth Locher-Scholten, "Summer Dresses and Canned Food: European Women and Western Lifestyle in the Indies," in Henk Schulte Nordholt ed., *Outward Appearances: Dressing State and Society in Indonesia* (Leiden: KITLV Press, 1997): 156.

[②] Frances Gouda, "Nyonyas on the Colonial Divide: White Women in the Dutch East Indies, 1900-1942," *Gender & History* 3 (1993): 318-342.

对于印尼基层社会的女性来说，缝纫机的出现则给她们提供了新的机会与平台。在19世纪前，绝大多数印尼女性都依附于自己的父亲或者丈夫，并以务农为生。19世纪下半叶荷属东印度的经济发展带动了城市化进程。大量印尼女性开始进入城市寻找工作，其中的绝大多数成为城市富有家庭的用人。一方面，在雇主家中学到的使用缝纫机的知识使这些基层女性拥有了独自谋生的技能，让她们可以不再依靠父权家庭。不过另一方面，这些基层女佣在雇主家中始终处在不平等的位置，她们的薪水非常微薄，雇主对她们的歧视更是无处不在。

值得注意的是，缝纫机本身在成为印尼中产及权贵阶层用以标识自身身份的工具的同时，由女仆操作缝纫机所生产出的织物也成为身份标识物。缝纫机缝制出的带有各式花纹图样的窗帘、被套、桌布常常被用来显示家庭的审美情操、教育水平和社会地位。生活在印尼的荷兰女性习惯于在家中穿着印尼传统的娘惹衫，只有外出参加正式活动时才会穿着西式女装。[①]为了使自己的娘惹衫看上去与印尼人穿的娘惹衫不同，以使自身显得更加高贵，荷兰女性会要求女佣

[①] 娘惹衫在马来语中被称为 kebaya，是一种流行于马来半岛、印尼以及泰国南部的女性长袍。娘惹衫通常以丝绸、棉布、半透明尼龙织成，以花草刺绣图案为装饰。

使用缝纫机为其娘惹衫缝制各种精美的蕾丝花边。①

统治的艺术：对消费者的欲望教育

除了富有家庭之外，专门缝制衣物的制衣厂也开始在19世纪末使用缝纫机。自1870年起，荷属东印度殖民政府逐渐放开了限制私人资本的法规，使得印尼的经济进入了快速发展时期。私人资本进入基础设施建设、种植园、矿产以及旅游度假等领域并带动了城市化进程。随着现代市镇的兴起，诸如石油化工、工程建筑、银行、教育、公务员等行业也随之出现，并对劳动力提出了新的要求。这些现代行业要求劳动力在观念和身体上被同时规训，以适应资本主义管理和生产效率最大化的需求。② 统一样式的工作服的引入便是这种规训的外在体现。③ 为了在短时间内生产出大量的制服，印尼各地都出现了大规模使用缝纫机

---

① Jean Taylor, "The Sewing-Machine in Colonial-Era Photographs: A record from Dutch Indonesia," *Modern Asian Studies* 1 (2012): 81.
② 有关现代行业对于劳动力的规训，可参见 Wen-Hsin Yeh, "Corporate Space, Communal Time: Everyday Life in Shanghai's Bank of China," *American Historical Review* 1 (1995): 97-122。
③ 有关工业革命、现代管理制度与工作服的出现，可参见 Philippe Perrot, *Fashioning the Bourgeoisie: A History of Clothing in the Nineteenth Century* (Princeton: Princeton University Press, 1994)。

的制衣厂。①

这些在城市现代行业中工作的印尼人成为 20 世纪初印尼的白领阶层。②荷兰莱顿大学历史学家舒伯特·诺德霍尔特（Schulte Nordholt）认为荷属东印度殖民政权的延续既要依靠这些白领工人的专业性工作，又取决于这些白领工人是否将荷兰视为他们汲取现代性的源泉并加以模仿。换句话说，荷兰人维持其殖民统治的基础就在于合理引导印尼人想要变得更加现代的欲望。③ 纽约新学院的人类学家安·劳拉·斯托勒（Ann Laura Stoler）将这种引导称为"欲望教育"，并指出在殖民当局与资本联合下，殖民地白领被"教育"和"引导"为资本包装下的现代性的"消费者"。将消费主义逻辑内化为了自身欲望的白领劳动者们不再关注殖民主义带给他们的结构性压迫和歧视，而更

---

① Jean Taylor, "The Sewing-Machine in Colonial-Era Photographs: A record from Dutch Indonesia," *Modern Asian Studies* 1 (2012): 84.
② 简·泰勒认为截止到 1930 年，全印尼共有 50 万白领工作者, Jean Taylor, "The Sewing-Machine in Colonial-Era Photographs: A record from Dutch Indonesia," *Modern Asian Studies* 1 (2012): 85。
③ Henk Schulte Nordholt, "Modernity and cultural Citizenship in the Netherlands Indies: An Illustrated Hypothesis," *Journal of Southeast Asian Studies* 3 (2011): 435-457.

多的是去追求与荷兰人相同的现代生活方式。① 对于20世纪初的印尼白领来说,现代生活方式一个重要体现就是穿着西式服装。城市白领对于西式服装需求的增加带动了裁缝店的发展。为了满足白领们对现代服装的想象,裁缝店也开始大规模使用缝纫机缝制西式服装。②

东印度的印尼中产女性,20世纪初

---

① Ann Laura Stoler, *Race and the Education of Desire: Foucault's History of Sexuality and the Colonial Order of Things* (Durham: Duke University Press, 1995).
② Jean Taylor, "The Sewing-Machine in Colonial-Era Photographs: A record from Dutch Indonesia," *Modern Asian Studies* 1 (2012): 85-86.

在本章的论述中,我们可以发现以缝纫机为代表的现代技术在印尼发生了内涵上的异化。现代技术的社会属性在殖民地社会被放大了,他们不再仅仅是一个具有特定实用功能的工具,而是社会地位、性别关系、族群差异的标识物。缝纫机在印尼的推广也反映了资本与现代技术相结合给殖民主义带来的活力以及对印尼普通人日常生活的影响。

哪种技术在"农业边疆"的开发中发挥了作用？技术与资本、文化又存在着怎样的互动？

第五章
湄公河三角洲的大型机械与小型发动机

第五章
邮公河三角洲的大型浮游水生生物
支动物

第五章　湄公河三角洲的大型机械与小型发动机

本章将围绕 19 世纪末到 20 世纪中叶湄公河三角洲农业开发中所使用的机械设备探讨西方殖民帝国、跨国资本、在地农民和现代技术之间的互动，以及这种互动对三角洲的环境造成的影响。从 1890 年代到 1960 年代，西方殖民帝国与跨国资本在试图开发湄公河三角洲的农业资源时总是倾向于建设大型水利设施以及引进大型农业机械。这些符合西方殖民者对于现代性想象的大型设施和设备却并不能适应湄公河三角洲的环境与社会经济结构。自 1930 年代开始的饥荒、经济萧条、战争导致了公共产品和服务在湄公河三角洲的缺失，当地的农民不得不依靠购买、改造和使用小型发动机以满足基本的交通运输和农业生产需求。在缺乏政府监管和控制的情况下，小型马达的过度无序使用又给当地环境造成了进一步的破坏，并最终影响到了当地农民的生计。

农业边疆

西方地理大发现以来,由于技术进步、人口增长、粮食作物商品化等因素的推动,亚洲各地都出现了"农业边疆"(Agrarian Frontier)。① 几乎所有的"农业边疆"在被开发之前都被认为具有如下特征:人烟稀少、环境恶劣、远离政治中心。随着世界各地的人员、资本、技术的涌入,那些原本是原始热带丛林和沼泽的"边疆"在不到半个世纪的时间中变为了稻田、茶园或经济作物种植园。② 在这些"农业边疆"中,河流所裹挟的泥沙在入海口淤积形成的三角洲平原占了很大比重。作为"农业边疆"的三

---

① 譬如缅甸伊洛瓦底江三角洲,马来半岛中部,加里曼丹岛,斯里兰卡中部山地,印度旁遮普和阿萨姆等地。
② 有关亚洲"农业边疆"的研究,可参见 Aditya Mukherjee, "Agrarian Conditions in Assam, 1880-1890: A Case Study of Five Districts of the Brahmaputra Valley," *The Indian Economic & Social History Review* 2 (1979): 207-232; Chia Yin Hsu, "A Tale of Two Railroads: 'Yellow Labor,' Agrarian Colonization, and the Making of Russianness at the Far Eastern Frontier, 1890s1910s," *Ab Imperio* 3 (2006): 217-253; Sunil Amrith, *Migration and Diaspora in Modern Asia* (New York: Cambridge University Press, 2006); Michael Elienberg, "Frontier Constellations: Agrarian Expansion and Sovereignty on the Indonesian-Malaysian Border," *Journal of Peasant Studies* 2 (2014): 157-182。

第五章 湄公河三角洲的大型机械与小型发动机

角洲具有看似矛盾的双重特征：一方面，三角洲地区地势平坦、土地肥沃，因此非常适合农业开垦；另一方面，大多数亚洲的三角洲平原集中在热带和亚热带地区，热带丛林和沼泽密布，人烟稀少，开发难度极大。

自20世纪70年代以来，作为"农业边疆"的三角洲就引起了学术界的关注。学者们从社会经济结构、政治制度安排、殖民主义、移民、族群身份认同等角度对亚洲地区的三角洲"农业边疆"展开了系统研究。阿达斯对于缅甸伊洛瓦底江三角洲的农业开发研究可以被认为是亚洲"农业边疆"研究的原型。阿达斯发现伊洛瓦底江三角洲在19世纪中叶之前还是一个贫瘠且人烟稀少的地区。19世纪中后期农产品的商品化和全球化促使英国政策制定者和投资者将目光转向伊洛瓦底江三角洲。数以百万计的印度契约劳工因此被招募至缅甸，对伊洛瓦底江三角洲进行开垦。随着伊洛瓦底江三角洲被开发为世界上最大的稻米种植与出口地，印度的制度、资本、专业人士也陆续在该地区扎根并深刻改变了当地的社会人口结构。阿达斯发现当待开发土地足够充裕时，外来移民与缅甸人可以合作分工相安无事。然而到了第一次世界大战前后，伊洛瓦底江三角洲已经被开发完毕，之前被"农业边疆"大开发所掩藏的族群、宗教、劳资等问题开始浮现。从1920年代末开始的全球经济大萧条加剧了伊洛瓦底江三角洲的社会、经济、族群危机,并最终引发了1930年代的大规模农民起义、印缅族群冲突以及缅甸民族独立运动。①

阿达斯进一步认为伊洛瓦底江三角洲"农业边疆"的情况也同时发生在斯里兰卡、马来西亚、菲律宾和印度等地。他将这种"开荒—发展—停滞—冲突"的规律归因于西方殖民主义和资本主义的运作机制。换言之,正是殖民当局和投资者出于贪婪而改变了各个殖民地的人口、社会、经济结构,为之后蔓延亚洲的农民起义、族群宗教冲突、民族主义运动埋下了伏笔。②

除了从殖民主义的角度来研究"农业边疆"之外,一些学者也注意到了"农业边疆"历史叙事与族群认同之间的联系。萧凤霞和刘志伟在研究珠江三角洲潮连地方志时发现当地居民通过不断修正历史叙事建构了一套独特的身份认同。在潮连地方士绅所书写的族谱和地方志中,潮连先民从中原地区移民到这块

---

① Michael Adas, *Burma Delta: Economic Development and Social Change on an Asian Rice Frontier, 1852-1941* (Madison: University of Wisconsin Press, 1974).

② Ibid., xvi.

"荒无人烟"的"烟瘴之地",通过世代的农业开垦,将此地建设为了人人安居乐业的富庶家园。而早先生活在潮连以渔猎为生的原住民则在历史书写中成为"海盗"和"山贼"。萧凤霞和刘志伟认为通过将未开垦的潮连标示为"荒芜"以及将原住民标示为野蛮、暴力、不开化的族群,潮连先民们不但合法化了他们侵夺原住民土地的过程,更增强了他们内部的族群自我认同感和凝聚力。①

从上述研究可以看到,以往对于"农业边疆"三角洲的研究大都围绕着政治、经济、社会、文化等议题进行讨论,而从技术角度切入展开论述的研究并不多见。在"农业边疆"的开发过程中,技术是如何被引进和运用的?不同群体间对于技术的理解和定义有何不同?哪种技术在"农业边疆"的开发中发挥了作用?技术与资本和文化又存在着怎样的互动?本章将以19世纪末至20世纪中叶的湄公河三角洲开发为例,尝试解答上述问题。

---

① Helen Siu and Liu Zhiwei, "The Original Translocal Society: Making Chaolian from Land and Sea," in Eric Tagliacozzo, Helen Siu, and Peter Perdue eds., *Asia Inside Out: Connected Places* (Cambridge: Harvard University Press, 2015), 64-97.

法帝国的亚洲粮仓

湄公河三角洲位于中南半岛南部湄公河的入海口,其面积约为四万平方公里。在19世纪以前,湄公河三角洲先后由扶南、真腊、高棉、占婆、越南等政权统治。1860年代越南在与法国的战争中失利,被迫割让湄公河三角洲。直到第二次世界大战前,湄公河三角洲一直是法属印度支那殖民地的一部分。"二战"期间,整个印度支那都被日本控制。1946年,越南独立同盟会(越盟)与试图重新殖民越南的法国之间爆发了第一次印度支那战争。1954年日内瓦会议召开,法国同意结束其在印度支那的殖民统治,越南则被分为南北两个地区,分别由越南民主共和国(北越)和越南国(即越南共和国,简称南越)统治。湄公河三角洲自1954年后一直由美国支持下的南越政府管理,直到1975年南越政权覆亡。

由于湄公河三角洲地区受热带季风气候影响,且境内河网密布,因此在气候条件上非常适合水稻种植。但是在该地区大规模种植水稻的前提条件是对滩涂和沼泽进行清理和疏通,而这些工作又需要大量的劳动力。在对英属缅甸殖民地经济结构的研究中,阿达斯

第五章 湄公河三角洲的大型机械与小型发动机

就指出英帝国在 19 世纪殖民东南亚的过程中发现了伊洛瓦底江三角洲所蕴藏的巨大农业潜力,并努力试图将其改造为英帝国在亚洲的粮仓。为了解决将三角洲开垦为稻田的过程中所需要的劳动力和资金问题,殖民地政府引进了大量印度农民和资本,从而根本改变了缅甸的人口和经济结构,并为之后缅甸的民族主义运动和族群冲突埋下了伏笔。① 对于法属印度支那殖民当局来说,他们既无法像英国人那样从其他殖民地大量引进劳动力,也对在湄公河三角洲组织大量劳动力从事公共工程心存忌惮。在法国人殖民扩张之前,越南阮朝政府就因组织高棉人在湄公河三角洲开凿运河而引发了一系列的暴动和叛乱。② 为了确保其殖民地能够带来足够的经济效益,同时也不致引起动乱,法国殖民当局决定引进大型蒸汽挖泥机对三角洲进行疏通。

在 18 世纪末,英国的博尔顿·瓦特公司(Boulton & Watt)设计制造了蒸汽驱动的挖掘机。在 19 世纪,蒸汽挖掘机被广泛用于运河开凿和河道疏通等公共工

---

① Michael Adas, *Burma Delta: Economic Development and Social Change on an Asian Rice Frontier, 1852-1941* (Madison: University of Wisconsin Press, 1974).
② Shawn McHale, "Ethnicity, Violence, and Khmer-Vietnamese Relations: The Significance of the Lower Mekong Delta, 1757-1954," *Journal of Asian Studies* 2 (2013): 367-390.

程。由于蒸汽挖掘机在处理河道淤泥时效率不高，美国人纳塔涅尔·勒比（Nathaniel Lebby）于1850年代发明了一种吸泥船。这种吸泥船由蒸汽动力驱动，通过一根特殊材质的吸管将河道或者沼泽中的淤泥和沙石抽出以达到疏浚的目的。[1] 1867年，法国工程师亨利·巴新（Henri-Emile Bazin）改进的吸泥船参与了苏伊士运河的开凿，并取得了良好的效果。此后蒸汽吸泥船在世界范围内的沼泽清理和河道疏通工程中得到了越来越多的应用，并引起了法属印度支那殖民当局的注意。殖民当局发现引进吸泥船这种大型机械会深刻改变湄公河三角洲的生态环境与经济结构：一方面吸泥船可以减少人力成本的投入并降低社会动乱的风险；另一方面，吸泥船可以快速地吸干三角洲地区的沼泽，使其成为可耕种的土地，从而吸引大量移民前来耕种，最终将该地转变为具有巨大经济潜力的粮仓。

由于殖民当局极力想要使用吸泥机等大型设备开发湄公河三角洲地区，一些法国本土公司在1890年代通过贿赂殖民当局官员取得了开垦和疏浚三角洲的项目承包权，并开始在当地大规模使用吸泥船进行工程作业。在将近半个世纪的时间里，法国对湄公河三角洲的开发取得了惊人的进展。在1880年代，整个三角

---

[1] John Bonds, "Opening the Bar: First Dredging at Charleston, 1853-1859," *South Carolina Historical Magazine* 98 (1997): 230-250.

第五章　湄公河三角洲的大型机械与小型发动机

洲地区可供种植水稻的土地仅有522000英亩,而到了1930年代这一数字增长到了2443000英亩。①

20世纪20年代末发生的全球经济大萧条导致了全球米价的暴跌,并直接影响到了湄公河三角洲农民的生计。由于无法将稻米出售用于支付贷款和赋税,大量农民破产。社会经济情况的恶化助长了越南共产主义和民族主义运动的兴起。在整个1930年代,大量三角洲地区的农业基础设施在殖民地政府军与反殖民游击队的冲突中被破坏或遗弃。② 从1941年到1945年,法属印度支那被日本控制。日本在不愿投资维护当地的基础设施的情况下将湄公河三角洲视为其维持战争的主要粮食供应地,对该地区进行了高强度的经济剥削。③ 从1946年到1954年,越南独立同盟会(越盟)与法国之间爆发的第一次印度支那战争进一

---

① David Biggs, "Small Machines in the Garden: Everyday Technology and Revolution in the Mekong Delta," *Modern Asian Studies* 1 (2012): 55-56.
② 有关1930年代湄公河三角洲地区的战乱,参见 David Biggs, "Managing a Rebel Landscape: Conservation, Pioneers, and the Revolutionary Past in the U Ming Forest, Vietnam," *Environmental History* 3 (2005): 448-476。
③ Gregg Huff, "The Great Second World War Vietnam and Java Famine," *Modern Asian Studies* 2 (2020): 618-653.

步恶化了湄公河三角洲地区的农业生产状况。① 到了1954年7月《日内瓦协议》签署时,整个湄公河三角洲的农业基础设施几乎完全崩坏了。

农业的现代化:吸泥船和拖拉机

在 1954 年越南南北分治之后,美国代替法国开始介入南越的政治、经济、文化等各个领域。对于美国政府来说,帮助南越在经济上实现发展从而避免其被越共渗透和颠覆成为至关重要的一个任务,而实现湄公河三角洲的农业现代化则是整个任务的关键。与美国援助"二战"后欧洲重建的马歇尔计划相似,美国国会通过商业进口项目(the Commercial Import Program)为南越提供人员、技术和资金援助。在这个项目中,美国为特定的南越中间商提供低利率贷款,中间商则必须用这些贷款进口美国政府划定范围内的商品。② 从

---

① 对于第一次印度支那战争时期湄公河三角洲经济所遭受的损失,可参见 Shawn McHale, *The First Vietnam War: Violence, Sovereignty, and the Fracture of the South, 1945-1956* (New York: Cambridge University Press, 2021)。

② 有关美国的商业进口项目及其在南越的实施情况,可参见 Milton Taylor, "South Viet-Nam: Lavish Aid, Limited Progress," *Pacific Affairs* 3 (1961): 242-256; Douglas Dacy, *Foreign Aid, War, Economic Development: South Vietnam, 1955-1975* (Cambridge: Cambridge University Press, 1986)。

第五章　湄公河三角洲的大型机械与小型发动机

1950年代后期开始,南越进口的工业制成品中超过90%都来自美国。①

由于当时被派往湄公河三角洲帮助发展当地经济的美国农业专家几乎都只有北美平原农业开发的经验,因此他们也将北美平原广泛使用大型农业机械开展农业生产的思路带到了东南亚。② 此外,美国国会的政策制订者也更愿意向南越提供大型农业机械。首先,南越通过贷款购买美国生产的农业机械最终会反哺美国本身的制造业;其次,美国农业机械制造商作为一个颇有实力的院外活动集团也会对国会的决策施加影响。③

美国出口至南越的大型农业机械主要是吸泥船和拖拉机。美国农业专家认为这些设备可以帮助越南政府疏通年久失修的运河和排水渠,并开辟出新的可耕地,从而将数十万来自北越的难民转变为湄公河三角洲农业开发的劳动力。然而,由于体积大且速度缓慢,这些农业机械很快就成为活跃在湄公河三角洲的越

---

① David Biggs, "Small Machines in the Garden: Everyday Technology and Revolution in the Mekong Delta," *Modern Asian Studies* 1 (2012): 59.
② Ibid., 57.
③ Ibid., 58.

在湄公河三角洲作业的美国重型机械，1967 年，WIsconsin Historical Society Photography Collection 86730

共游击队的攻击目标。频繁的袭击，过高的维修费用，以及维护技术人员的缺乏使得南越政府无法再承担大型机械主导的农业开发。[①] 到了 1950 年代末，湄公河三角洲地区的农业发展几乎又陷入了停滞的状态。

---

① David Biggs, "Small Machines in the Garden: Everyday Technology and Revolution in the Mekong Delta," *Modern Asian Studies* 1 (2012): 57.

虾尾泵

在湄公河三角洲地区，长期的动乱和战争使得国家所应提供的公共服务和基础设施都消失殆尽，当地农民不得不依靠小型活塞式抽水泵以及柴油发动机驱动的交通工具来维持农业生产。然而在 1950 年代之前，私人购买小型发动机受到了严格的限制。法国殖民政府规定任何私人购买发动机都需要事先向政府申请执照，并支付一笔不菲的注册费。在日本占领和第一次印度支那战争时期，私人所有的发动机甚至会被政府强制征收以作军事用途。[①] 因此在 1950 年代末，在湄公河三角洲几乎很难发现大型机械和小型发动机的存在。

根据罗伯特·山索姆（Robert Sansom）的研究，湄公河三角洲的农民开始大规模使用小型发动机要追溯到 1962 年。当时湄公河三角洲的美湫（My Tho）地区遭遇了严重旱灾，由于运河和灌溉系统年久失修，因此当地农民要面临严重的损失。为了避免水稻绝收，

---

① David Biggs, "Small Machines in the Garden: Everyday Technology and Revolution in the Mekong Delta," *Modern Asian Studies* 1 (2012): 59.

自行车、港口与缝纫机

一户富裕农民以600美元的价格购买了一台柴油动力的离心泵,并将其连接上水管,抽取地下水进行灌溉。在长期缺少国家提供公共服务的背景下,这种家庭可负担的小型机械式抽水灌溉方式迅速引起了一位名叫万南(Van Nam)的村民的兴趣。万南曾经跟法国人学习过机械维修方面的知识,因此也懂得如何将汽艇和摩托车上的引擎改装成抽水泵。最终万南成功将一个美国产的小型引擎改装成了抽水泵,通过将其出租给其他村民而获得了丰厚的收入。① 到了1963年,一些商人发现了这种简易机械抽水泵的潜在商机,并开始有规模地改造和生产抽水泵。他们将舢板上的汽油、柴油或天然气动力的涡轮发动机拆卸下来,配以锡制的套管从而起到抽水的功能。② 这种价格低廉且便于拆卸和移动的抽水泵因其形似虾尾而被当地人称为"虾尾泵"(Shrimp-tailed Pump)。

"虾尾泵"的出现深刻改变了湄公河三角洲的农业生产和交通方式。以往该地区遭遇干旱时,农民需要依靠国家修建的水渠、运河、水库引导灌溉。"虾尾泵"这种设备使得湄公河三角洲的农民第一次拥有了将大量水输送到其私有土地的能力。在季风或洪灾

---

① Robert Sansom, *The Economic of Insurgency in the Mekong Delta of Vietnam* (Cambridge: MIT Press, 1970), 164-179.
② Ibid., 110-113.

第五章　湄公河三角洲的大型机械与小型发动机

期间，抽水泵还能够将稻田中的水抽出以减少损失。当没有抽水需要时，农民们又可以将"虾尾泵"的套管替换为螺旋桨，安置在舢板上，作为交通运输的汽艇使用。自1963年起，"虾尾泵"以极快的速度在湄公河三角洲地区传播，成为该地区的日常技术。绝大多数在湄公河三角洲使用的"虾尾泵"都使用了美国威斯康星州科勒公司（Kohler Corporation）生产的K-91型天然气动力引擎。从1960年代直到1975年越南统一，科勒公司共向南越出口了数十万台K-91引擎。大卫·比格斯（David Biggs）在2002年于湄公河三角洲调查时发现当地农民甚至以"科勒"之名直接指代抽水泵或汽艇。① 科勒公司因其生产的小型廉价的发动机意外成为商业进口项目的最大赢家，而非美国农业专家和南越政府所推崇的具有象征性意义的大型机械。

尽管"虾尾泵"小型发动机解决了大量农民的生计问题，但南越政府对于这些机械的广泛使用却保持着谨慎态度。一直以来，湄公河三角洲的农民需要通过向南越政府申请执照才能购买机器。政府希望通过这些申请和注册费增加财政收入。此外，许多基层官

---

① David Biggs, "Small Machines in the Garden: Everyday Technology and Revolution in the Mekong Delta," *Modern Asian Studies* 1 (2012): 68.

使用 K-91 引擎的虾尾泵,2015 年,Steven Cook Collection

湄公河三角洲上使用 K-91 引擎的机动船,1980 年,Magnum Photos

员也通过在审批执照过程中收取贿赂获利。"虾尾泵"需求的快速增长使得政府审批过程变得十分缓慢,而申请和注册费用也让众多有意通过正规渠道购买的民众望而却步。这些情况助长了黑市贸易的繁荣。越来越多没有执照的农民通过地下租借和转让的方式获得"虾尾泵",从而导致了政府和腐败官员收入的减少。① 南越当局对于"虾尾泵"的忧虑还不仅限于经济方面。随着大量"虾尾泵"被引进到湄公河三角洲,活跃在该地区的越共也因此获得了使用这种机械设备的机会。美国军事部门发现越共从缴获的"虾尾泵"中拆卸出引擎,并安装在渔船上以提高其机动性。机动性提升了的渔船因此可以躲过南越政府军和美军的监控,更有效地进行游击战,同时也可以将湄公河三角洲的粮食和肥料快速运送到越共解放区。在越共解放区,"虾尾泵"又被改装成了碾米机用来加工粮食,以此为越共持续的军事行动提供物资保障。②

在南越政府的官方叙事中,"虾尾泵"被认为是效率极其低下且不稳定的机械设备,其能源转换率不

---

① David Biggs, "Small Machines in the Garden: Everyday Technology and Revolution in the Mekong Delta," *Modern Asian Studies* 1 (2012): 66.
② Ibid., 66-67.

自行车、港口与缝纫机

机动船被用于粮食的运输,1996 年,Magnum Photos

到柴油动力离心泵的 40%,因此不值得向其农民推荐使用。在南越官方出版的农用抽水泵指导手册中,对于美国农业生产通用的离心泵有着详细的说明和具体的推荐指南,而"虾尾泵"甚至没有得到任何介绍。值得注意的是,官方农业指导手册中充斥着农民难以理解的数学和动能转换公式,以及对抽水泵单一用途的强调。① 从这一点来看,南越政府过于依赖美国的农业知识而忽略了地方的特殊情境和需求,这也促使

---

① David Biggs, "Small Machines in the Garden: Everyday Technology and Revolution in the Mekong Delta," *Modern Asian Studies* 1 (2012): 65-66.

第五章　湄公河三角洲的大型机械与小型发动机

当地农民不愿意接纳其指导和建议，转而依靠诞生于在地知识的"虾尾泵"。

1975年南越政府垮台，越南实现统一。在越南社会主义共和国的统治下，湄公河三角洲私人所有的"虾尾泵"都被政府收购，成为国有财产。由于美国对越南的禁运，机械零件得不到补充，绝大多数的"虾尾泵"因无法维护而很快被废弃。因为失去了机器动力的帮助，再加上战争中大量人口和耕牛的损失，湄公河三角洲地区在70年代末至80年代初出现了农业危机（耕田荒废与粮食短缺）。[1] 1986年越南实行经济改革，旨在建立社会主义主导的市场经济。随着与西方的贸易关系的重建，各种小型发动机再次进入了越南，并迅速成为湄公河三角洲农业生活中必不可少的日常技术。

由于战乱频繁且国家能力孱弱，湄公河三角洲的农民在20世纪大部分时间里都需要通过诸如"虾尾泵"这样的小型机器来维持自身的农业生产。然而，政府的失能也导致了抽水泵在三角洲地区的泛滥。农民们毫无节制地在任何可以抽到水的地方使用抽水泵，

---

[1] Suiwah Leung and Thanh Tri Vo, "Vietnam in the 1980s: Price Reforms and Stabilization," *BNL Quarterly Review* June (1996): 187-207.

致使整个湄公河三角洲的地下水迅速减少。地下水位的下降又加速了三角洲的下沉,使得海水倒灌变得越来越严重。可以说,抽水泵在短期解决了湄公河三角洲地区普通农民的生计问题,然而从长期看却又在摧毁着他们赖以为生的土地。①

综上所述,本章描述了从法属印度支那到越南共和国时期,法、美、南越政府通过大型机械和水利工程来发展湄公河三角洲地区农业的尝试。与这些尝试的失败相对应的是,符合当地社会经济环境条件的小型发动机自1960年代开始在该地区盛行,并成为当地不可或缺的日常技术。这种日常技术为普通农民提供了农业生产所需的基本支持,但同时也给当地环境造成了巨大的负担。

---

① 有关湄公河三角洲地区的地下水枯竭、地面下沉和海水倒灌问题,可参见 Y. Fujihara, K. Hoshikawa, H. Fujii, A. Kotera, T. Nagano and S. Yokoyama, "Analysis and Attribution of Trends in Water Levels in the Vietnamese Mekong Delta," *Hydrological Processes* 30 (2016): 835-845。

模仿美国的生活方式，甚至在行为方式和消费习惯上变得跟美国人一样，成为许多马尼拉中产阶层在 20 世纪初所追求的目标。

第六章
马尼拉的现代化厨房

第六章 马尼拉的现代化厨房

菲律宾人的身份认同

自菲律宾1946年独立之后,有关菲律宾近现代史的研究主要分为两个方向:其一是研究"西班牙—美国"殖民统治给菲律宾社会、经济、文化带来的影响;其二是研究菲律宾民族主义者对殖民统治做出的回应。[①] 华盛顿大学历史学家文森特·拉斐尔(Vicente Rafael)发现这两个方向的研究实际上都是在同

---

① 相关研究可参见 Benedict Kerkvliet, *The Huk Rebellion*: *A Study of Peasant Revolt in the Revolt in the Philippines* (Berkeley: University of California Press, 1977); Jonathan Fast and Jim Richardson, *Roots of Dependency*: *Political and Economic Revolution in Nineteenth-Century Philippines* (Quezon City: Foundation for Nationalist Studies, 1979); Onofre Corpuz, *Roots of the Filipino Nation* (Quezon City: Aklahi Foundation, 1989); Onofre Corpuz, *An Economic History of the Philippines* (Manila: University of the Philippine Press, 1997); Michael Culinane, *Ilustrado Politics*: *Filipino Elite Responses to American Rule, 1898-1908* (Quezon City: Ateneo de Manila University Press, 2003)。

一种国族史叙事框架中进行的：殖民者给菲律宾带来了巨大的负面影响，而菲律宾人的反应则是通过不同的方式进行反抗，直至国家、民族的完全独立。进一步来说，在菲律宾的国族史叙事中，西班牙殖民统治、菲律宾革命（1896—1898）、1897年特赫洛斯大会（Tejeros Convention）、菲律宾第一共和国（1899—1901）、美菲战争（1899）、美国殖民统治、日本占领时期以及1946年菲律宾独立是一个连贯的叙事。这个叙事的核心内容则是一连串的英雄史诗（epics），标榜着菲律宾民族主义者依靠着爱国的热情为民族独立所做的牺牲、奉献和抗争。正是通过这些史诗式的行动，菲律宾才从殖民统治的桎梏中被解救出来，成为一个独立的民族国家。拉斐尔指出上述的国族史叙事并不旨在还原一个多维度的菲律宾史，而是在通过这种一以贯之的英雄叙事来进行政治动员和国家认同建设。然而，菲律宾近现代史中所充斥着的复杂的事件进程、扑朔迷离的人物关系、自相矛盾的个人选择以及妥协、背叛和犹豫等情绪则在国族史叙事中几乎完全消失了。对于拉斐尔来说，那些无法被纳入英雄史诗中或与民族主义叙事逻辑相矛盾的历史事件和人物值得被重新挖掘，从而让我们获得观察菲律宾近现代史的多重角度。①

澳大利亚国立大学的历史学家雷纳尔多·伊莱托（Reynaldo Ileto）强调这种单一维度的菲律宾国族史在本质上是一种围绕着民族主义革命展开的线性叙事。②本尼迪克特·安德森（Benedict Anderson）更强调这套线性叙事实际上是由菲律宾本土精英想象和建构起来用以维护其自身既得利益和统治合法性的。③ 历史学家们需要做的则是挖掘那些因与国族史叙事相抵牾而被遗忘的事件与人物，例如天主教会在菲律宾民族国家构建中所起到的作用；④ 19 世纪末菲律宾农村经济的衰败对于该国民族主义运动的影响；⑤ 在菲律宾反

---

① Vicente Rafael, *The Promise of the Foreign: Nationalism and the Technics of Translation in the Spanish Philippines* (Durham: Duke University Press, 2005).

② Reynaldo Ileto, *Filipinos and Their Revolution: Event, Discourse, and Historiography* (Honolulu: University of Hawaii Press, 1999).

③ Benedict Anderson, *The Spectre of Comparison: Nationalism, Southeast Asia and the World* (London: Verso, 1998).

④ Gerald Anderson ed., *Studies in Philippine Church History* (Ithaca: Cornell University Press, 1969); John Schumacher, *Revolutionary Clergy: The Filipino Clergy and the Nationalist Movement, 1850-1903* (Quezon City: Ateneo de Manila University Press, 1981).

⑤ Teodoro Agoncillo, *The Revolt of the Masses: The Story of Bonifacio and the Katipunan* (Quezon City: University of the Philippines Press, 1959).

殖民革命中态度左右摇摆的城市中产阶级,等等。①

约翰·拉金(John Larkin)从地方和农村的视角反思了国族史线性叙事的问题。拉金指出国族史倾向于将菲律宾社会过度简化为一个无差别性的整体。在这样的简化中,菲律宾的各个地区都等同于马尼拉,马尼拉社会在殖民地时期的变化则被视为是菲律宾整体性的变化。实际上,菲律宾大多数农村地区的社会、经济、文化情况是与马尼拉完全不同的。历史学家过度关注西方殖民势力与菲律宾精英在马尼拉的互动,并将这种互动视为殖民地时期整个菲律宾历史发展的缩影,因此造成了大量以偏概全的认知与分析。② 例如,在对1896年菲律宾反西班牙革命的分析中,绝大多数国族史叙事都认为革命从马尼拉迅速发散到菲律宾全国各地。而且各地的革命都是在随着马尼拉革命形势的变化而演进。拉金以邦板牙省(Pampanga)为例,指出该地区的农村在1896年并未受到马尼拉革命的影响。邦板牙的绝大多数本土精英由于自身利益关

---

① Michael Cullinane, "The Politics of Collaboration in Tayabas Province: The Early Career of Manuel Luis Quezon, 1903-1906," in Peter Stanley ed., *Reappraising an Empire: New Perspectives in Philippine-American History* (Cambridge MA: Harvard University Press, 1984).
② John Larkin, "The Place of Local History in Philippine Historiography," *Journal of Southeast Asian History* 2 (1967): 306-317.

系的缘故，在革命前期仍然选择忠于西班牙殖民政府。①

除了用地方史视角解构国族史的宏大叙事之外，一些学者亦开始从文化和语言的角度反思菲律宾民族主义的根源。他们认为菲律宾民族主义并非如民族主义者们所宣称的那样源远流长，而是西班牙殖民统治和天主教传教活动的结果。在菲律宾民族主义兴起的过程中，西班牙语起到了至关重要的作用。菲律宾精英发现西班牙语既能够用来与殖民者交流，也可以消弭菲律宾各地语言的差异。因此，西班牙语逐渐成为菲律宾不同岛屿、族群、宗教群体之间的通用语言。以西班牙语为媒介，以菲律宾本土社会文化为背景的文学和戏剧作品则成为增强菲律宾人身份认同的公共空间。②拉斐尔发现以西班牙语为日常交流语言的菲律宾精英首先倡导的是与殖民地母国的彻底融合，使菲律宾人成为真正的西班牙公民。当上述计划被西班牙殖民当局否定之后，菲律宾精英才开始考虑建立一个以西班牙语为纽带黏合起来的菲律宾民族

---

① John Larkin, *The Pampangans: Colonial Society in a Philippine Province* (Berkeley: University of California Press, 1972).
② 这种现象与安德森所描述的印尼民族主义的兴起有着相似的逻辑，参见 Benedict Anderson, *Imagined Community: Reflections on the Origin and Spread of Nationalism* (London: Verso, 2016).

国家。①

拉斐尔进一步认为美国殖民主义实际上巩固了菲律宾精英和城市中产阶级的既得利益并提高了他们的特权地位。美国殖民期间的政治、经济和军事机制有效压制了底层激进势力所发起的革命。同时,成为美国殖民地也意味着精英阶层所拥有的种植园中的农产品可以以免关税的待遇进入美国市场。美国人提供的庇护亦让这些精英实际主宰了菲律宾基层的政治运作。换句话说,美国在菲律宾的殖民统治是由美国殖民者和菲律宾民族主义上层精英共同完成的。然而,这段历史因其无法与菲律宾独立后的国族史叙事相契合而被完全遗忘了。②

21世纪以来,全球史方法的兴起为菲律宾近现代史研究注入了新的视角。妮可·阿博伊梯兹(Nicole Aboitiz)将菲律宾民族主义运动看作是19世纪末20世纪初亚洲范围内民族主义和泛亚洲主义运动的一部分。菲律宾民族独立运动在思想上深受亚洲其他地区

---

① Vicente Rafael, *The Promise of the Foreign: Nationalism and the Technics of Translation in the Spanish Philippines* (Durham: Duke University Press, 2005).
② Vicente Rafael, *White Love and Other Events in Filipino History* (Durham: Duke University Press, 2000).

第六章　马尼拉的现代化厨房

的影响。阿博伊梯兹认为各种既存的亚洲跨国反殖民网络（日本的泛亚洲主义，马来民族主义运动，泛伊斯兰运动等）是菲律宾革命发生的前提条件和物质基础。① 通过强调菲律宾民族主义的泛亚洲起源，国族史所构建的菲律宾—西方（主要指西班牙和美国）的"冲击—回应"互动叙事（西方对菲律宾造成冲击，菲律宾不得不做出回应的叙事）被动摇了。

在以全球史方法自上而下解构国族史的同时，一些研究者亦开始尝试从日常生活与性别的角度去重构在国族史线性叙事框架之外的历史场景。② 本章将尝试结合全球史、日常生活史、性别研究的角度，从自上而下和自下而上两个方向同时反思菲律宾国族史，③ 并以20世纪初马尼拉中产家庭的现代化厨房为例，展示商业资本和消费文化的跨国流动及其对菲律宾本土

---

① Nicole Aboitiz, *Asian Place, Filipino Nation: A Global Intellectual History of the Philippine Revolution, 1887-1912* (New York: Columbia University Press, 2020).
② Florentino Rodao and Felice Rodriguez eds., *The Philippine Revolution of 1896: Orinary Lives in Extraordinary Times* (Quezon City: Ateneo de Manila University Press, 2001).
③ 这种兼顾跨国视角与地方视角研究菲律宾近现代史的方法在1980年代就由麦科伊（Alfred McCoy）和埃迪贝托（Ediberto de Jesus）所提倡，参见 Alfred McCoy and Ediberto de Jesus eds., *Philippine Social History: Global Trade and Local Transformations* (Quezon City: Ateneo de Manila University Press, 1982)。

精英所造成的影响。

现代厨房的诞生

在19世纪以前，美国普通家庭并不存在厨房的概念。制作食物的空间也同时被用作洗漱和起居。普通家庭中通常只有一个用来生火的灶台，所有的食物都在这个灶台上制作加工。1834年，奥伯林炉（Oberlin Stove）的出现极大改变了美国人对于家庭烹饪的理解。奥伯林炉是铁制封闭式炉灶，以木材或煤炭作为燃料。因为其体积小（足够在室内安放），温度提升快，并能够记录烹饪时长而在美国市场上大获成功。[1]人们在购买了奥伯林炉之后将其固定放置在室内空间，而这个固定放置奥伯林炉的空间则逐渐发展成为厨房。到了19世纪末20世纪初，现代化的厨房开始出现在美国家庭之中。这些现代化厨房的主要特征是电气化烹饪设备（包括由天然气或电加热的炉灶以及电热水器）、自来水、电冰箱、带有设计花纹和配色的瓷砖、

---

[1] Howell Harris, "Inventing the U. S. Stove Industry, c. 1815-1875: Making and Selling the First Universal Consumer Durable," *Business History Review* 4 (2008): 701-733.

第六章　马尼拉的现代化厨房

17 世纪美国家庭的厨房，1675 年，Artstor Collection

以及对于餐具和食物清洁卫生的重视。①

值得注意的是，直到 20 世纪初，美国绝大多数家庭都无法负担电气化厨房设备。1930 年代的罗斯福新政为现代厨房设备在美国的普及铺平了道路。政府通过建设电网以及补贴制造业的政策有效降低了制造成本。销售则成功地将现代厨房与健康、时尚、文明等

---

① Michelle Mock, "The Electric Home and Farm Authority, 'Model T Appliances,' and the Modernization of the Home Kitchen in the South," *Journal of Southern History* 1 (2014): 73-108.

19世纪末美国家庭厨房,1899 年,Museum of the City of New York

概念结合起来推销给消费者。① 以佐治亚州为例,该州在 1933 年仅售出 3619 台冰箱,652 台电烤箱。1934 年,政府刺激经济的法案实施之后,电冰箱在该州售

---

① Ronald Tobey, *Technology as Freedom: The New Deal and the Electrical Modernization of the American Home* (Berkeley: University of California Press, 1996).

第六章　马尼拉的现代化厨房

出 10428 台, 电烤箱售出 3577 台。①

厨房的现代化带来了巨大的社会文化变革, 并在某种意义上重新形塑了美国人对于阶层和性别的理解。雪莱·尼克尔斯 (Shelley Nickles) 揭示了现代厨房电器的男性设计者们与厨房的女性使用者们之间的紧张关系。尼克尔斯指出男性设计师、工程师以及销售建构出了现代、美丽、卫生以及勤俭持家的家庭妇女形象, 并根据这种想象来设计、制造、推销厨房电器。女性用户则在使用这些电器的过程中内化了男性赋予的家庭妇女的形象, 进一步强化了男性在家庭中的权威地位。② 同时, 国家也尝试通过技术培训项目和营养手册规训现代化厨房中的女性, 使她们成为国家现代化进程的一部分。③ 随着美国在菲律宾的殖民扩张, 其国内的现代厨房革命及其所带来的社会文化变革亦随之传播到了菲律宾。

---

① Laurence Wray, "One Year Later: What Has Happened in the Tennessee Valley Since the Formation of the Electric Home and Farm Authority—An On-the Ground Report," *Electrical Merchandising*, Feb. (1935): 9.
② Shelley Nickles, "Preserving Women: Refrigerator Design as Social Process in the 1930s," *Technology and Culture* 4 (2002): 693-727.
③ Joy Parr, "Introduction: Modern Kitchen, Good Home, Strong Nation," *Technology and Culture* 4 (2002): 657-667.

消费文化与菲律宾精英

19世纪末,菲律宾农业出口贸易繁荣,蔗糖、咖啡、马尼拉麻等商品被出口至世界各地。① 贸易带来的巨大财富集中在菲律宾本土精英手中,使他们可以在马尼拉购置豪宅和庄园、使用从欧洲进口的家具装饰房间、穿着欧式服装等。1898年美西战争中西班牙战败,菲律宾被转让给美国统治。菲律宾本土精英的地位并未因殖民当局的改变而下降,反而在美国扶持下愈加富有。对于迫切想要进入菲律宾市场的美国投资者来说,如何将美国的消费文化灌输给那些拥有众多社会资源但深受西班牙文化影响的菲律宾本土精英成为必须要面对的问题。

在美国于1901年正式在菲律宾建立殖民统治之后,殖民当局授权成立马尼拉电车与电灯公司(Manila Electric Railroad and Light Company)以负责建设马尼拉城区的供电设施,从而为城市街道照明和室内用

---

① 有关19世纪末20世纪初菲律宾的出口贸易,参见 Norman Owen, *Prosperity without Progress: Manila Hemp and Material Life in the Colonial Philippines* (Berkeley: University of California Press, 1984)。

第六章 马尼拉的现代化厨房

FILIPINO MESTIZO, MANILA

西班牙化的菲律宾中产女性,John Echols Collection(Cornell University Library)

电提供电力。同一时期,马尼拉天然气公司(The Manila Gas Corporation)也开始在马尼拉城区铺设天然气管道并将其接入家庭住户。① 为了让更多马尼拉的居民使用电力或天然气设备从而增加收益,上述两家公司进行了大规模的公关活动。在他们所作的宣传中,电力与天然气被称为是现代和文明的动力源。使用电与天然气不仅会为用户节省时间并带去方便,用户自身也会因此而变得现代和文明。② 电力与天然气公司在推广使用电气能源的同时,也在销售需要电气驱动的厨房设备(譬如电热水器、面包机、煤气灶、烤箱,等等)。

在20世纪早期,美国现代厨房设备在菲律宾的销售主要通过直销与广告两个渠道。销售首先需要学习了解菲律宾人的习惯、习俗以及这个国家的气候,然后再登门拜访目标用户,进行一对一的推销。广告则以宣传画、简单英语、他加禄语(菲律宾吕宋岛主要使用的语言)相结合的形式印发在报纸、杂志、宣传

---

① Daniel Doeppers, "Lighting a Fire: Home Fuel in Manila, 1850-1945," *Philippine Studies* 4 (2007): 434.
② Raquel Reyes, "Modernizing the Manilena: Technologies of Conspicuous Consumption for the Well-to-do Woman, circa 1880s-1930s," *Modern Asian Studies* 1 (2012): 213.

第六章　马尼拉的现代化厨房

美国殖民时期的马尼拉街景，20世纪初，John Echols Collection (Cornell University Library)

册、广告牌上。① 在广告中,商家对电气能源和设备的推销是同时进行的,而且其目标宣传对象主要为女性。首先,这些广告会强调家庭厨房现代化对于家庭妇女的必要性。譬如电热水器可以让婴儿每天洗热水澡从而有助于他们的成长;煤气灶煮熟的食物可以让家庭成员们的饮食更加健康;冰箱则能够保障卫生的食材。其次,这些广告也在宣传电器如何能将女性从烦琐的家务劳动中解放出来,使女性只需要轻轻点击就能够获得可靠、强大且持久的帮助。最后,广告也会同时宣传商家的电气网络,以解决客户对于电器能源供给的后顾之忧。②

1920年代之后,殖民地政府开始制定政策,尝试改变菲律宾人的饮食习惯。当时美国流行着的观念是将卫生与现代性联系在一起。美国人广泛认为卫生与洁净的社会环境才是现代与文明的,而肮脏则属于前现代。③ 在殖民地官员看来,菲律宾本土饮食不仅缺乏营养,而且不卫生,因此是不符合现代标准的。允

---

① 《妇女之家杂志》(*Ladies Home Journal*)和《女性家庭之友》(*Woman's Home Companion*)这两个马尼拉家居杂志上刊发的家用电器广告尤为多。
② Daniel Doeppers, "Lighting a Fire: Home Fuel in Manila, 1850-1945," *Philippine Studies* 4 (2007), 442.
③ Nancy Tomes, *The Gospel of Germs: Men, Women, and the Microbe in American Life* (Cambridge MA: Harvard University Press, 1998).

许这些不洁食物的存在和流行会动摇美国在菲律宾殖民的合法性。要使菲律宾人在体格和思想上成为现代公民,从而巩固美国殖民该地的合法性,必须改革他们的饮食习惯。[1]

殖民当局在各级学校的课程中加入了卫生健康课,教导学生们饮食卫生和健康的重要性。通过强调菲律宾本土饮食在食材以及烹饪过程中的不洁,以及美式餐饮的卫生与安全,殖民当局试图将美国本土饮食烹饪习惯完全照搬到菲律宾,以完成对菲律宾本土餐饮的改革。上述改革的一个重要环节就是使用美式现代化厨房对食物进行加工和储存。[2]

作为奢侈品的厨房电器

商业广告的宣传以及政府的教育使得马尼拉的居民开始将现代厨房电器和美国食物视为现代性和生活

---

[1] 有关19世纪末20世纪初亚洲范围内出现的饮食现代化与民族主义之间的关系,可参见,Lee Seung-Joon, "The Patriot's Scientific Diet: Nutrition Science and Dietary Reform Campaigns in China, 1910s-1950s," *Modern Asian Studies* 6 (2015): 1808-1839.

[2] Raquel Reyes, "Modernizing the Manilena: Technologies of Conspicuous Consumption for the Well-to-do Woman, circa 1880s-1930s," *Modern Asian Studies* 1 (2012): 215.

富足的象征,这些象征又被具象为是美国所特有的。因此模仿美国的生活方式,甚至在行为方式和消费习惯上变得跟美国人一样成为许多马尼拉中产阶层在20世纪初所追求的目标。① 当菲律宾人消费美国食物的欲望被打开之后,蛋糕、水果罐头、午餐肉等从美国进口的食品开始大量涌入马尼拉居民家中。诸如煤气灶、高压锅、电热水壶等美国厨房中常见的电器也为马尼拉中产阶层所热衷,用以制作美国式菜肴。此外,加冰的果汁和咖啡等美式饮料也在马尼拉风靡。为了能够在家庭中制作这些饮料,富裕家庭也开始在厨房添置美国生产的冰箱和冷藏柜。②

对于马尼拉的一般平民家庭来说,现代厨房电器过于昂贵而无法负担。但是商业宣传和政府教育也让平民被美国式的饮食消费文化所吸引,因此在马尼拉市场上出现了众多本土设计生产、价格低廉、自称符合美国现代厨房理念的设备。例如一款名为马洋炉灶(Mayon Stove)的本土品牌炉灶就声称其配有能够将油烟排出厨房的自动风扇,因此可以给家庭妇女创造一个健康洁净的环境。更为重要的是,这款炉灶并不

---

① Raquel Reyes, "Modernizing the Manilena: Technologies of Conspicuous Consumption for the Well-to-do Woman, circa 1880s-1930s," *Modern Asian Studies* 1 (2012): 216.

② Ibid., 218.

以电气为动力而是使用木柴或芭蕉叶,因此成本较低,普通平民也能够购买。①

从1901年美国建立殖民统治到1941年太平洋战争爆发,将近40年的美国殖民给马尼拉的城市社会生活带来了剧变。如果说西班牙殖民时期,马尼拉的精英阶层主要通过模仿欧洲大陆的贵族生活方式来彰显自己的身份,那么美国的殖民统治则让这个城市的富裕居民转向了美式大众消费文化。具有讽刺意味的是,在美国属于大众消费品并被政府倡导普及的厨房电器在菲律宾却成为只有少部分人能够消费得起的奢侈品。一方面,美国资本和殖民当局试图将流水线生产的商品、大众消费理念、现代性、文明进步等因素捆绑打包从而打开菲律宾市场;另一方面,菲律宾较低的经济发展水平使得美国的商品无法在当地获得足够多的消费者。然而,政府与资本合力向菲律宾人灌输的美国生活方式及与其关联的现代、进步、洁净、健康、舒适等观念却深刻影响了20世纪上半叶菲律宾各个阶层的家庭。尽管普通家庭无力购买进口的美国商品,但他们在资本和政府宣传引导下也强烈认同美国大众消费主义语境下的进步和文明。在这种情况下,本地

---

① Raquel Reyes, "Modernizing the Manilena: Technologies of Conspicuous Consumption for the Well-to-do Woman, circa 1880s-1930s," *Modern Asian Studies* 1 (2012): 219.

制造商生产了众多廉价的仿制品。这些仿制品在进行营销时既强调其功能与进步和文明这些概念的联系,又降低了产品中的技术含量以减少成本从而吸引普通家庭消费者。因此,我们发现美国在菲律宾的殖民统治确实推动了美国的消费文化输出,然而菲律宾对于美国消费文化的吸收并没有为美国商品带来巨大的商机。菲律宾本土商家在迎合消费者向往美式现代化的基础上,通过本土化改造所生产的廉价商品反而赢得了广大的基层消费市场。

最终,不管是购买了美国进口厨房设备的马尼拉中产家庭,还是只能负担仿制品的普通家庭,他们的消费和饮食文化在很大程度上都被美国殖民主义所影响和改变了。同时,殖民主义及其所依托的现代性话语和资本主义消费方式在马尼拉被赋予了本土意涵,并被当地商人所利用。本章的个案表明,殖民主义在20世纪菲律宾的存在并不是仅仅像国族史叙事中所说的那样造成了政治、经济和文化上的压迫和反抗,而是一个冲击、适应、改造、蜕变的过程。过于关注政治进程的国族史线性叙事无助于了解上述过程中各方参与者的复杂互动,因此我们可以尝试从基础设施、消费文化、日常生活习惯等方面切入,发掘殖民主义对菲律宾社会的深层次影响。

参考文献

专著

Aboitiz N. , 2020. *Asian Place, Filipino Nation: A Global Intellectual History of the Philippine Revolution, 1887-1912*. New York: Columbia University Press.

Adas M. , 1974. *Burma Delta: Economic Development and Social Change on an Asian Rice Frontier, 1852-1941*. Madison: University of Wisconsin Press.

——1989. *Machines as the Measure of Men: Science, Technology, and Ideologies of Western Dominance*. Ithaca: Cornell University Press.

Agoncillo T. , 1959. *The Revolt of the Masses: The Story of Bonifacio and the Katipunan*. Quezon City: University of the Philippines Press.

Agoston G. , 2005. *Guns for the Sultan: Military Power and the Weapons Industry in the Ottoman Empire*. Cambridge: Cambridge University Press.

Amrith S. , 2006. *Migration and Diaspora in Modern*

Asia. New York: Cambridge University Press.

——2013. *Crossing the Bay of Bengal: The Furies of Nature and the Fortunes of Migrants*. Cambridge MA: Harvard University Press.

Anderson B., 1998. *The Spectre of Comparison: Nationalism, Southeast Asia and the World*. London: Verso.

——2016. *Imagined Community: Reflections on the Origin and Spread of Nationalism*. London: Verso.

Anderson C., 2000. *Convicts in the Indian Ocean: Transportation from South Asia to Mauritius, 1815-1853*. London: Palgrave Macmillan.

Arasaratnam S., 1996. *Ceylon and the Dutch, 1600-1800: External Influences and Internal Change in Early Modern Sri Lanka*. Aldershot: Variorum.

Barbir K., 1980. *Ottoman Rule in Damascus, 1708-1758*. Princeton: Princeton University Press.

Bayly C. A., 1975. *The Local Roots of Indian Politics: Allahabad, 1880-1920*. Oxford: Clarendon.

——1983. *Rulers, Townsmen and Bazaars: North Indian Society in the Age of British Expansion, 1770-1870*. New York: Cambridge University Press.

Blouet B., 1987. *Halford Mackinder: A Biography*. College Station: Texas A&M University Press.

Bose S., 2009. *A Hundred Horizons: The Indian Ocean in the Age of Global Empire.* Cambridge MA: Harvard University Press.

Bosma U. and Remco Raben (authors), Wendie Shaffer (trans.), 2008. *Being "Dutch" in the Indies: A History of Creolisatin and Empire, 1500-1920.* Singapore: NUS Press.

Brandon R., 1977. *A Capitalist Romance: Singer and the Sewing Machine.* Philadelphia: J. B. Lippincott.

Brummet P., 1993. *Ottoman Seapower and Levantine diplomacy in the Age of Discovery.* Albany: State University of New York.

Bulmus B., 2012. *Plague, Quarantines and Geopolitics in the Ottoman Empire.* Edinburgh: Edinburgh University Press.

Casale G., 2010. *The Ottoman Age of Exploration.* Oxford: Oxford University Press.

Celik Z., 1986. The Remaking of Istanbul: Portrait of an Ottoman City in the Nineteenth Century. Berkeley: University of California Press.

——1992. *Displaying the Orient: Architecture of Islam at Nineteenth-Century World's Fairs.* Berkeley: University of California Press.

Chakrabarty D., 1989. *Rethinking Working-Class*

History: *Bengal*, *1890-1940* (Princeton: Princeton University Press.

——2007. *Provincializing Europe*: *Postcolonial Thought and Historical Difference*. Princeton: Princeton University Press.

Chaudhuri K. , 1991. *Asia before Europe*: *Economy and Civilisation of the Indian Ocean from the Rise of Islam to 1750*. New York: Cambridge University Press.

Cobb M. , 2018. *Rome and the Indian Ocean Trade from Augustus to the Early Third Century CE*. Leiden: Brill.

Corpuz O. , 1989. *Roots of the Filipino Nation*. Quezon City: Aklahi Foundation.

——1997. *An Economic History of the Philippines*. Manila: University of the Philippine Press.

Culinane M. , 2003. *Ilustrado Politics*: *Filipino Elite Responses to American Rule*, *1898-1908*. Quezon City: Ateneo de Manila University Press.

Dacy D. , 1986. *Foreign Aid*, *War*, *Economic Development*: *South Vietnam*, *1955-1975*. Cambridge: Cambridge University Press.

Darymple W. , 2004. *White Mughals*: *Love and Betrayal in Eighteenth-Century India*. London: Penguin.

Davis D. , 2007. *Resurrecting the Granary of Rome*:

Environmental History and French Colonial Expansion in North Africa. Athens: Ohio University Press.

Davies R., 1976. *Peacefully Working to Conquer the World: Singer Sewing Machines in Foreign Markets, 1854-1920*. New York: Arno Press.

Deringil S., 2011. *The Well-Protected Domains: Ideology and the Legitimation of Power in the Ottoman Empire 1876-1909*. London: Bloomsbury.

Dharmasena K., 1980. *The Port of Colombo, 1860-1939*. Colombo: Lake House Printers.

Dikotter F., 2007. *Things Modern: Material Culture and Everyday Life in China*. London: Hurst.

Dobbin C., 1972. *Urban Leadership in Western India: Politics and Communities in Bombay City, 1840-1885*. New York: Oxford University Press.

Dossal M., 1991. *Imperial Designs and Indian Realities: The Planning of Bombay City, 1845-1875*. Bombay: Oxford University Press.

Eldem E., Daniel Goffman, and Bruce Masters, 2008. *Ottoman City Between East and West: Aleppo, Izmir, and Istanbul*. Cambridge: Cambridge University Press.

Emmer P. and Jos Gommans, 2020. *The Dutch Overseas Empire, 1600-1800*. New York: Cambridge University Press.

Fabian J., 2014. *Time and the Other: How Anthropology Makes Its Object*. New York: Columbia University Press.

Fast J. and Jim Richardson, 1979. *Roots of Dependency: Political and Economic Revolution in Nineteenth-Century Philippines*. Quezon City: Foundation for Nationalist Studies.

Fleming K., 1999. *The Muslim Bonaparte: Diplomacy and Orientalism in Ali Pasha's Greece*. Princeton: Princeton University Press.

Freitag S., 1989. *Collective Action and Community: Public Areas and the Emergence of Communalism in North India*. Berkeley: University of California Press.

Gocek F., 1996. *Rise of the Bourgeoisie, Demise of the Empire: Ottoman Westernization and Social Change*. New York: Oxford University Press.

Hanna N., 1998. *Making Big Money in 1600: The Life and Times of Isma'il Abu Taqiyya, Egyptian Merchant*. Syracuse: Syracuse University Press.

Hanser J., 2019. *Mr. Smith Goes to China: Three Scots in the Making of Britain's Global Empire*. New Haven: Yale University Press.

Hardgrove A., 2004. *Community and Public Culture: The Marwaris in Calcutta, 1897-1997*. New York: Columbia University Press.

Haynes D., 2012. *Small Town Capitalism in Western*

India: Artisans, Merchants and the Making of the Informal Economy, *1870-1960*. Cambridge: Cambridge University Press.

Headrick D., 1981. *The Tools of Empire: Technology and European Imperialism in the Nineteenth Century.* New York: Oxford University Press.

—— 1988. *The Tentacles of Progress: Technology Transfer in the Age of Imperialism, 1850-1940.* New York: Oxford University Press.

Huber V., 2013. *Channeling Mobilities: Migration and Globalisation in the Suez Canal Region and Beyond, 1869-1914.* Cambridge: Cambridge University Press.

Hughes T., 1983. *Networks of Power: Electric Supply Systems in the US, England and Germany, 1880-1930.* Baltimore: Johns Hopkins University Press.

Ileto R., 1999. *Filipinos and Their Revolution: Event, Discourse, and Historiography.* Honolulu: University of Hawaii Press.

Kafadar C., 1995. *Between Two Worlds: The Construction of the Ottoman State.* Berkeley: University of California Press.

Karpat K., 2001. *The Politicization of Islam: Reconstructing Identity, State, Faith, and Community in the Late Ottoman State.* Oxford: Oxford University Press.

Keane J., 1881. *Six Months in Mecca: An Account of the Muhammedan Pilgrimage to Mecca.* London: Tinsley Brothers.

Kerkvliet B., 1977. *The Huk Rebellion: A Study of Peasant Revolt in the Revolt in the Philippines.* Berkeley: University of California Press.

King A., 1976. *Colonial Urban Development: Culture, Social Power and Environment.* London: Routledge and Kegan Paul.

Kuehn T., 2011. *Empire, Islam, and Politics of Difference: Ottoman Rule in Yemen, 1849-1919.* Leiden: Brill.

Lanchester H., 1918. *Town Planning in Madras.* London: Constable.

Larkin J., 1972. *The Pampangans: Colonial Society in a Philippine Province.* Berkeley: University of California Press.

Leur J., 1955. *Indonesian Trade and Society: Essays in Asian Social and Economic History.* Hague: van Hoeve.

Lewandowski S., 1980. *Migration and Ethnicity in Urban India: Kerala Migrants in the City of Madras, 1870-1970.* New Delhi: Manohar.

Lewis B., 2000. *The Muslim Discovery of Europe.* London: Phoenix.

Low M., 2020. *Imperial Mecca: Ottoman Arabia and the Indian Ocean Hajj.* New York: Columbia University Press.

Ludden D., 2002. *Reading Subaltern Studies: Critical History, Contested Meaning and the Globalization of South Asia.* London: Anthem Press.

McHale S., 2021. *The First Vietnam War: Violence, Sovereignty, and the Fracture of the South, 1945-1956.* New York: Cambridge University Press.

McKeown A., 2011. *Melancholy Order: Asian Migration and the Globalization of Borders.* New York: Columbia University Press.

Metcalf T., 2008. *Imperial Connections: India and the Indian Ocean Arena, 1860-1920.* Berkeley: University of California Press.

Mitchell T., 2002. *Rule of Experts: Egypt, Techno-Politics, Modernity.* Berkeley: University of California Press.

Montagu E., 1930. *An India Diary.* London: Heinemann.

Moon S., 2007. *Technology and Ethical Idealism: A History of Development in the Netherlands East Indies.* Leiden: CNWS Publications.

Mrazek R., 2002. *Engineers of Happy Land:*

Technology and Nationalism in a Colony. Princeton: Princeton University Press.

Ochsenwald W., 1980. *The Hijaz Railroad*. Charlottesville: University Press of Virginia.

——1984. *Religion, Society, and the State in Arabia: The Hijaz under Ottoman Control, 1840-1908*. Columbus: Ohio State University Press.

Oldenburg V., 1984. *The Making of Colonial Lucknow, 1856-1877*. Princeton: Princeton University Press.

Owen N., 1984. *Prosperity without Progress: Manila Hemp and Material Life in the Colonial Philippines*. Berkeley: University of California Press.

Ozbaran S., 2009. *Ottoman Expansion towards the Indian Ocean in the 16th Century*. Istanbul: Bilgi University Press.

Ozyuksel M., 2014. *The Hejaz Railway and the Ottoman Empire: Modernity, Industrialization and Ottoman Decline.* London: I. B. Tauris.

Panaite V., 2000. *The Ottoman Law on War and Peace: The Ottoman Empire and Tribute Payers*. Boulder: East European Monographs.

Parker W., 1982. *Mackinder: Geography as an Aid to Statecraft*. Oxford: Clarendon Press.

Patel S., 1987. *The Making of Industrial Relations: The Ahmedabad Textile Industry, 1918-1939*. Delhi: Oxford University Press.

Peebles P., 2001. *The Plantation Tamils of Ceylon*. London: Leicester University Press.

Perrot P., 1994. *Fashioning the Bourgeoisie: A History of Clothing in the Nineteenth Century*. Princeton: Princeton University Press.

Pieris A., 2009. *Hidden Hands and Divided Landscapes: A Penal History of Singapore's Plural Society*. Honolulu: University of Hawaii Press.

Rafael V., 2000. *White Love and Other Events in Filipino History*. Durham: Duke University Press.

——2005. *The Promise of the Foreign: Nationalism and the Technics of Translation in the Spanish Philippines*. Durham: Duke University Press.

Read M., 1927. *From Field to Factory: An Introductory Study of the Indian Peasant Turned Factory Hand*. London: Student Christian Movement.

Robertson R., 2014. *European Glocalization in Global Context*. Hampshire: Palgrave Macmillan.

Rodao F. and Felice Rodriguez eds., 2001. *The Philippine Revolution of 1896: Orinary Lives in Extraordinary Times*. Quezon City: Ateneo de Manila University Press.

Said E. , 2003. *Orientalism.* New York: Penguin Books.

Sansom R. , 1970. *The Economic of insurgency in the Mekong Delta of Vietnam.* Cambridge: MIT Press, 1970.

Schrauwers A. , 2021. *Merchant Kings: Corporate Governmentality in the Dutch Colonial Empire, 1815-1870.* Oxford: Berghahn Books.

Schrikker A. , 2007. *Dutch and British Colonial Intervention in Sri Lanka, 1780-1815: Expansion and Reform.* Leiden: Brill.

Schumacher J. , 1981. *Revolutionary Clergy: The Filipino Clergy and the Nationalist Movement, 1850-1903.* Quezon City: Ateneo de Manila University Press.

Sen R. , 2019. *Birth of a Colonial City: Calcutta.* London: Routledge.

Sen S. , 2000. *Disciplining Punishment: Colonialism and Convict Society in the Adaman Islands.* New Delhi: Oxford University Press.

Shaw S. and Ezel Shaw, 1976. *History of the Ottoman Empire and Modern Turkey: Volume 1, Empire of the Gazis: The Rise and Decline of the Ottoman Empire 1280-1808.* Cambridge: Cambridge University Press.

Sivasundaram S. , 2013. *Islanded: Britain, Sri Lanka and the Bounds of an Indian Ocean Colony.* Chicago:

University of Chicago Press.

Skocpol T. , 1979. *States and Social Revolutions: A Comparative Analysis of France, Russia and China*. Cambridge: Cambridge University Press.

Stoler A. , 1995. *Race and the Education of Desire: Foucault's History of Sexuality and the Colonial Order of Things*. Durham: Duke University Press.

——2002. *Carnal Knowledge and Imperial Power: Race and the Intimate in Colonial Rule*. Berkeley: University of California Press.

Strathern A. , 2007. *Kingship and Conversion in Sixteenth-century Sri Lanka: Portuguese Imperialism in a Buddhist Land* (Cambridge: Cambridge University Press, 2007).

Streusand D. , 2010. *Islamic Gunpowder Empires: Ottomans, Safavids, and Mughals*. New York: Avalon Publishing.

Tagliacozzo E. , 2009. *Secret Trades, Porous Borders: Smuggling and States Along a Southeast Asian Frontier, 1865-1915*. New Haven: Yale University Press.

——2013. *The Longest Journey: Southeast Asians and the Pilgrimage to Mecca*. New York: Oxford University Press.

Taylor J. , 2009. *The Social World of Batavia:*

Europeans and Eurasians in Colonial Indonesia, the Second Edition. Madison: University of Wisconsin Press.

Tobey R., 1996. *Technology as Freedom: The New Deal and the Electrical Modernization of the American Home.* Berkeley: University of California Press.

Tomes N., 1998. *The Gospel of Germs: Men, Women, and the Microbe in American Life.* Cambridge MA: Harvard University Press.

Tsing A., 2005. *Friction: An Ethnography of Global Connection.* Princeton: Princeton University Press.

Weber M., 1964. *The Theory of Economic and Social Organization.* New York: Free Press, 1964.

Winner L., 1986. *The Whale and the Reactor: A Search for Limits in an Age of High Technology.* Chicago: University of Chicago Press.

Warren J., 2003. *Rickshaw Coolie: A People's History of Singapore 1880-1940.* Singapore: NUS Press.

Woolf L., 1980. *An Autobiography, Vol. 1, 1880-1911.* Oxford: Oxford University Press.

Yang A., 2021. *Empire of Convicts: Indian Penal Labor in Colonial Southeast Asia.* Berkeley: University of California Press.

论文集

Anderson C. ed., 2018. *A Global History of Convicts*

and Penal Colonies. London: Bloomsbury.

Anderson G. ed., 1969. *Studies in Philippine Church History*. Ithaca: Cornell University Press.

Cox K. ed., 1997. *Spaces of Globalization: Reasserting the Power of the Local*. New York: Guifford Press.

Harvey P., Casper Bruun Jensen, and Atsuto Morita eds, 2017. *Infrastructures and Social Complexity*. London: Routledge.

MacLeod R. and Deepak Kumar eds., 1995. *Technology and the Raj: Western Technology and Technical Transfers to India, 1700-1947*. New Delhi: SAGE.

McCoy A. and Ediberto de Jesus eds., 1982. *Philippine Social History: Global Trade and Local Transformations*. Quezon City: Ateneo de Manila University Press.

Peacock A. and Annabel Gallop eds, 2015. *From Anatolia to Aceh: Ottomans, Turks and Southeast Asia*. London: British Academy.

Yavuz H. and Peter Sluglett, eds, 2011. *War and Diplomacy: The Russo-Turkish War of 1877-1878 and the Treaty of Berlin*. Salt Lake City: University of Utah Press.

论文集论文

Appadurai A., 1986. "Introduction: Commodities

and the Politics of Value", in Arjun Appadurai ed. , *The Social Life of Things: Commodities in Cultural Perspective.* New York: Cambridge University Press: 3-63.

——1995. "The Production of Locality", in Richard Fardon ed. , *Counterworks: Managing the Diversity of Knowledge.* London: Routledge: 204-225.

Cullinane M. , 1984. "The Politics of Collaboration in Tayabas Province: The Early Career of Manuel Luis Quezon, 1903-1906", in Peter Stanley ed. , *Reappraising an Empire: New Perspectives in Philippine-American History.* Cambridge MA: Harvard University Press.

Dharmasena K. , 1989. " Colombo: Gateway and Oceanic Hub of Shipping", in Frank Broeze, *Brides of the Sea: Port Cities of Asia from the 16th-20th Centuries* (Kensington: New South Wales University Press: 152-172.

Davis D. , 2011. "Imperialism, Orientalism, and the Environment in the Middle East," in Diana Davis and Edmund Burke III, eds. , *Environmental Imaginaries of the Middle East and North Africa.* Athens: Ohio University Press.

Fuller C. and John Harriss, 2001. " For an Anthropology of the Modern Indian State," in C. J. Fuller and Veronique Benei eds. , *The Everyday State and Society in Modern India.* London: Hurst & Company: 1-30.

Harvey P. , 2017. "Infrastructures In and Out of Time: The Promise of Roads in Contemporary Peru," in Nikhil Anand, Hannah A and Akhil Gupta eds, *The promise of Infrastructure*. Durham: Duke University Press, 2017.

Hetherington K. , 2017. "Surveying the Future Perfect: Anthropology, development and the promise of infrastructure," in Penny Harvey, Casper Bruun Jensen, and Atsuto Morita eds. , *Infrastructures and Social Complexity*. London: Routledge: 40-50.

Scholten E. , 1997. "Summer dresses and canned Food: European Women and Western Lifestyle in the Indies," in Henk Schulte Nordholt ed. , *Outward Appearances: Dressing State and Society in Indonesia*. Leiden: KITLV Press.

Siu H. and Liu Zhiwei, 2015. "The Original Translocal Society: Making Chaolian from Land and Sea," in Eric Tagliacozzo, Helen Siu, and Peter Perdue eds. , *Asia Inside Out: Connected Places*. Cambridge: Harvard University Press: 64-97.

期刊论文

Abouseif D. , 1996. "The Mahmal Legend and the Pilgrimage of the Ladies of the Mamluk Court." *Mamluk*

Studies Review 1: 87-96.

Abrams P., 1988. "Notes on the Difficulty of Studying the State." *Journal of Historical Sociology* 1: 58-89.

Appadurai A., 1990. "Disjuncture and Difference in the Global Cultural Economy." *Theory, Culture & Society* 7: 295-310.

Arnold D. and Erich DeWald, 2011. "Cycles of Empowerment? The Bicycle and Everyday Technology in Colonial India and Vietnam." *Comparative Studies in Society and History* 4: 971-996.

——2012. "Everyday Technology in South and Southeast Asia: An Introduction." *Modern Asian Studies* 1: 1-17.

Arnold D., 2012. "The Problem of Traffic: The Street-Life of Modernity in Late-colonial India." *Modern Asian Studies* 1: 119-141.

Bektas Y., 2000. "The Sultan's Messenger: Cultural Constructions of Ottoman Telegraphy, 1847-1880." *Technology and Culture* 4: 669-696.

Bentley J., 2005. "Myths, Wagers, and Some Moral Implications of World History." *Journal of World History* 1: 51-82.

Bayly C. A., Sven Beckert, Matthew Connelly,

Isabel Hofmeyr, Wendy Kozol, and Patricia Seed, 2006. "AHR Conversation: On Transnational History." *American Historical Review* 5: 1441-1464.

Biggs D., 2005. "Managing a Rebel Landscape: Conservation, Pioneers, and the Revolutionary Past in the U Ming Forest, Vietnam." *Environmental History* 3: 448-476.

——2012. "Small Machines in the Garden: Everyday Technology and Revolution in the Mekong Delta." *Modern Asian Studies* 1: 47-70.

Bonds J., 1997. "Opening the Bar: First Dredging at Charleston, 1853-1859." *South Carolina Historical Magazine* 98: 230-250.

Bowker G., 1995. "Second Nature Once Removed: Time, Space and Representations." *Time and Society* 1: 47-66.

Chaiklin M., 2009. "Ivory in Early Modern Ceylon: A Case Study in What Documents Don't Reveal." *International Journal of Asian Studies* 1: 37-63.

Chattopadhyay S., 2000. "Blurring Boundaries: The Limits of 'White Town' in Colonial Calcutta." *Journal of the Society of Architectural Historians* 2: 154-179.

Chia Y. H., 2006. "A Tale of Two Railroads: 'Yellow Labor,' Agrarian Colonization, and the Making of

Russianness at the Far Eastern Frontier, 1890s-1910s." *Ab Imperio* 3: 217-253.

Deringil S., 2003. "'They Live in a State of Nomadism and Savagery': The Late Ottoman Empire and the Post-Colonial Debate." *Comparative Studies in Society and History* 2 (2003): 311-342.

Doeppers D., 2007. "Lighting a Fire: Home Fuel in Manila, 1850-1945." *Philippine Studies* 4: 419-447.

Dumont L., 2013. "On Value: The Radcliffe-Brown Lecture in Social Anthropology, 1980." *HAU: Journal of Ethnographic Theory* 1: 287-315.

Elienberg M., 2014. "Frontier Constellations: Agrarian Expansion and Sovereignty on the Indonesian-Malaysian Border." *Journal of Peasant Studies* 2: 157-182.

Evered E., 2012. "Rereading Ottoman Accounts of Wahhabism as Alternative Narratives: Ahmed Cevdet Pasa's Historic Survey of the Movement." *Comparative Studies of South Asia, Africa and the Middle East* 3: 622-632.

Fujihara Y., K. Hoshikawa, H. Fujii, A. Kotera, T. Nagano and S. Yokoyama, 2016. "Analysis and Attribution of Trends in Water Levels in the Vietnamese Mekong Delta." *Hydrological Processes* 30: 835-845.

Geyer M. and Charles Bright, 1995. "World History

in a Global Age. " *American Historical Review* 4: 1034-1060.

Godley A., 2001. " The Global Diffusion of the Sewing Machine, 1850-1914. " *Research in Economic History* 20: 1-46.

——2006. "Selling the Sewing Machine Around the World: Singer's International Marketing Strategies, 1850-1920. " *Enterprise & Society* 2: 277-278.

Gouda F., 1993. "Nyonyas on the Colonial Divide: White Women in the Dutch East Indies, 1900-1942. " *Gender & History* 3 (1993): 318-342.

Green N., 2018. "The Waves of Heterotopia: Toward a Vernacular Intellectual History of the Indian Ocean. " *American Historical Review* 3: 846-874.

Gupta A., 1995. " Blurred Boundaries: The Discourse of Corruption, the Culture of Politics and the Imagined State. " *American Ethnologist* 22: 375-402.

Harris H., 2008. " Inventing the U. S. Stove Industry, c. 1815-1875: Making and Selling the First Universal Consumer Durable. " *Business History Review* 4: 701-733.

Haynes D. and Nikhil Rao, 2013. " Beyond the Colonial City: Re-Evaluating the Urban History of India, ca. 1920-1970. " *South Asia: Journal of South Asian*

Studies 3: 317-335.

Heyman J. and Howard Campbell, 2009. "The Anthropology of Global Flows: A Critical Reading of Appadurai's 'Disjuncture and Difference in the Global Cultural Economy'." *Anthropological Theory* 2: 131-148.

Harper T. and Sunil Amrith, 2012. "Sites of Asian Interaction: An Introduction." *Modern Asian Studies* 2: 249-257.

Hazareesingh S., 2009. "Interconnected Synchronicities: The Production of Bombay and Glasgow as Modern Global Ports c. 1850-1880." *Journal of Global History* 1 (2009): 7-31.

Hofmeyr I., 2012. "South Africa's Indian Ocean: Boer Prisoners of War in India." *Social Dynamics* 3: 363-380.

Huff G., 2020. "The Great Second World War Vietnam and Java Famine." *Modern Asian Studies* 2: 618-653.

Imber C., 1980. "The Navy of Suleyman the Magnificent." *Archivum Ottomanicum* 6: 211-282.

Kidambi P., 2012. "Nationalism and the City in Colonial India: Bombay, c. 1890-1940." *Journal of Urban History* 5: 950-967.

Larkin B., 2013. "The Politics and Poetics of

Infrastructure." *Annual Review of Anthropology* 42: 327-343.

Larkin J., 1967. "The Place of Local History in Philippine Historiography." *Journal of Southeast Asian History* 2: 306-317.

Lee S. J., 2015. "The Patriot's Scientific Diet: Nutrition Science and Dietary Reform Campaigns in China, 1910s-1950s." *Modern Asian Studies* 6: 1808-1839.

Leung S. and Thanh Tri Vo, 1996. "Vietnam in the 1980s: Price Reforms and Stabilization." *BNL Quarterly Review* June: 187-207.

Low M., 2015. "Ottoman Infrastructures of the Saudi Hydro-State: The Technopolitics of Pilgrimage and Potable Water in the Hijaz." *Comparative Studies in Society and History* 4: 942-974.

Machado P., 2016. "Views from Other Boats: On Amitav Ghosh's Indian Ocean 'Worlds'." *American Historical Review* 5: 1545-1551.

Makdisi U., 2002. "Ottoman Orientalism." *American Historical Review* 3: 768-796.

McHale S., 2013. "Ethnicity, Violence, and Khmer-Vietnamese Relations: The Significance of the Lower Mekong Delta, 1757-1954." *Journal of Asian Studies* 2: 367-390.

Mitchell T. , 1991. "The Limits of the State: Beyond Statist Approaches and Their Critics. " *American Political Science Review* 85: 77-96.

Mock M. , 2014. "The Electric Home and Farm Authority, 'Model T Appliances,' and the Modernization of the Home Kitchen in the South. " *Journal of Southern History* 1: 73-108.

Mukherjee A. , 1979. "Agrarian Conditions in Assam, 1880-1890: A Case Study of Five Districts of the Brahmaputra Valley. " *The Indian Economic & Social History Review* 2: 207-232.

Nickles S. , 2002. "Preserving Women: Refrigerator Design as Social Process in the 1930s. " *Technology and Culture* 4: 693-727.

Nordholt H. , 2011. " Modernity and cultural Citizenship in the Netherlands Indies: An Illustrated Hypothesis. " *Journal of Southeast Asian Studies* 3: 435-457.

O'Brien P. , 2006. "Historiographical Traditions and Modern Imperatives for the Restoration of Global History. " *Journal of Global History* 1: 3-39.

Parr J. , 2002. "Introduction: Modern Kitchen, Good Home, Strong Nation. " *Technology and Culture* 4: 657-667.

Pearson M. , 1988, "Brokers in Western Indian Port Cities Their Role in Servicing Foreign Merchants. " *Modern Asian Studies* 3: 455-472.

Perera J. , 1950. "The Ports of Ancient Ceylon. " *Annals of the Bhandarkar Oriental Research Institute*: 287-291.

Protschky S. , 2012. "Tea Cups, Cameras and Family Life: Picturing Domesticity in Elite European and Javanese Family Photographs from the Netherlands Indies, ca. 1900-42. " *History of Photography* 1: 44-65.

Rafeq A. , 1999. "Relations between the Syrian Ulama and the Ottoman State in the Eighteenth Century. " *Oriente Moderno* 18: 67-95.

Reyes R. , 2012. "Modernizing the Manilena: Technologies of Conspicuous Consumption for the Well-to-do Woman, circa 1880s-1930s. " *Modern Asian Studies* 1: 193-220.

Rogan E. , 1996. "Abdulhamid II's School for Tribes (1892-1907). " *International Journal of Middle East* 1: 83-107.

Rogers J. , 2004. "Early British Rule and Social Classification in Lanka. " *Modern Asian Studies* 38: 625-647.

Salzman A. , 1993. "An Ancient Regime Revisited:

'Privatization' and Political Economy in the Eighteenth-Century Ottoman Empire." *Politics and Society* 21: 393-423.

Sawyer S. and Arun Agrawal, 2000. "Environmental Orientalism." *Cultural Critique* Spring: 71-108.

Schnitzler A., 2008. "Citizenship Prepaid: Water, Calculability, and Technopolitics in South Africa." *Journal of Southern African Studies* 4: 899-917.

Siu H., Eric Tagliacozzo, and Peter Perdue, 2015. "Introduction: Spatial Assemblages," in Eric Tagliacozzo, Helen Siu, Peter Perdue eds., *Asia Inside Out: Connected Places*. Cambridge MA: Harvard University Press: 1-30.

Sivasundaram S., 2017. "Towards a Critical History of Connection: The Port of Colombo, the Geographical 'Circuit', and the Visual Politics of New Imperialism, ca. 1880-1914." *Comparative Studies in Society and History* 2: 346-384.

Smail J., 1961. "On the Possibility of an Autonomous History of Modern Southeast Asia." *Journal of Southeast Asian History* 2: 72-102.

Taylor M., 1961. "South Viet-Nam: Lavish Aid, Limited Progress." *Pacific Affairs* 3: 242-256.

Taylor J., 2012. "The Sewing-Machine in Colonial-Era Photographs: A record from Dutch Indonesia." *Modern*

Asian Studies 1: 71-95.

Watts S., 2001. "From Rapid Change to Stasis: Official Responses to Cholera in British-Ruled India and Egypt, 1860 to 1921." *Journal of World History* 2: 321-374.

Wenzlhuemer R., 2007. "Indian Labour Immigration and British Labour Policy in Nineteenth-Century Ceylon." *Modern Asian Studies* 3: 575-602.

Wray L., 1935. "One Year Later: What Has Happened in the Tennessee Valley Since the Formation of the Electric Home and Farm Authority—An On-the Ground Report." *Electrical Merchandising*, Feb.: 9.

Yang A., 2003. "Indian Convict Workers in Southeast Asia in the Late Nineteenth and Early Nineteenth Centuries." *Journal of World History* 14: 179-208.

Yeh Wen-Hsin, 1995. "Corporate Space, Communal Time: Everyday Life in Shanghai's Bank of China." *American Historical Review* 1: 97-122.

图书在版编目(CIP)数据

自行车、港口与缝纫机:西方基建与日常技术在亚洲的相遇/曹寅著.—北京:北京大学出版社,2022.5
ISBN 978-7-301-32981-8

Ⅰ.①自… Ⅱ.①曹… Ⅲ.①基础设施建设—历史—研究—亚洲 Ⅳ.①F299.3

中国版本图书馆 CIP 数据核字(2022)第 057719 号

书　　　名	自行车、港口与缝纫机 ——西方基建与日常技术在亚洲的相遇 ZIXINGCHE、GANGKOU YU FENGRENJI ——XIFANG JIJIAN YU RICHANG JISHU ZAI YAZHOU DE XIANGYU
著作责任者	曹 寅 著
责任编辑	闵艳芸 赵 聪
标准书号	ISBN 978-7-301-32981-8
出版发行	北京大学出版社
地　　　址	北京市海淀区成府路 205 号　100871
网　　　址	http://www.pup.cn
电子信箱	zhaocong@pup.cn
新浪微博	@北京大学出版社
电　　　话	邮购部 010-62752015　发行部 010-62750672 编辑部 010-62753154
印　刷　者	北京中科印刷有限公司
经　销　者	新华书店
	880 毫米×1230 毫米　32 开本　6.5 印张　120 千字 2022 年 6 月第 1 版　2022 年 6 月第 1 次印刷
定　　　价	55.00 元

未经许可,不得以任何方式复制或抄袭本书之部分或全部内容。
版权所有,侵权必究
举报电话: 010-62752024　电子信箱: fd@pup.pku.edu.cn
图书如有印装质量问题,请与出版部联系,电话: 010-62756370